Salih

Datenbanken – Lernsituationen

Lern- und Arbeitsbuch

Merkur
Verlag Rinteln

Wirtschaftswissenschaftliche Bücherei für Schule und Praxis
Begründet von Handelsschul-Direktor Dipl.-Hdl. Friedrich Hutkap †

Verfasser:
Ralf Salih, Cuxhaven

Seite 1: Hintergrundbild: David Castillo Dominici - www.colourbox.de
oberes Bild: © lightpoet - Fotolia.com
unteres Bild: © drubig-photo - Fotolia.com

* * * * *

3. Auflage 2019

Gesamtherstellung:
Merkur Verlag Rinteln Hutkap GmbH & Co. KG, 31735 Rinteln

E-Mail: info@merkur-verlag.de
lehrer-service@merkur-verlag.de
Internet: www.merkur-verlag.de

ISBN 978-3-8120-**1571-4**

Vorwort des Autors

Um dem didaktischen Konzept der Kompetenzorientierung gerecht zu werden, bietet dieses Lern- und Arbeitsbuch zum Einstieg in den jeweiligen Themenbereich eine entsprechende problemorientierte Lernsituation an. Diese Situation muss von den Schülerinnen und Schülern bearbeitet werden. Ausgangspunkt ist jeweils der Sportverein „TSV Cuxland" (Modellunternehmen). Die situationsbezogenen Handlungsaufgaben können die Schülerinnen und Schüler – nach Aneignung des entsprechenden Fachwissens – mithilfe der passenden Informationen im Anhang jeder Lernsituation selbstständig bzw. im Team oder in der Gruppe bearbeiten. Jede Lernsituation schließt mit einer kurzen Checkliste: „Was haben die Schülerinnen und Schüler gelernt?" ab. Die anschließenden Aufgaben dienen der Übung, Festigung und Erweiterung des Erlernten und sind nicht mehr streng auf das Modellunternehmen bezogen, um so einen individuelleren Fachrichtungsbezug bzw. Berufsbezug sowie eine höhere Schülermotivation zu gewährleisten.

Um dem Gedanken der Prozessorientierung gerecht zu werden, sind die Lernsituationen so aufgebaut, dass diese sinnvoll nacheinander bearbeitet werden können. Selbstverständlich lassen sich auch einzelne Lernsituationen in den eigenen Unterricht einbauen.

Im ersten Teil des Lern- und Arbeitsbuches werden die theoretischen Grundlagen gelegt, ehe im zweiten Teil die Praxis abgehandelt wird. Als Software wird Microsoft Access (Version 2016) verwendet, wobei die Lernsituationen auch mit älteren Access Versionen (idealerweise ab 2007) bearbeitet werden können.

Bei der Erstellung dieses Lern- und Arbeitsbuches ist die Sicherstellung sowohl der methodischen Vielseitigkeit als auch des engen Bezugs zu den Rahmenrichtlinien des Beruflichen Gymnasiums im Bereich Informationsverarbeitung (Datenbanken I/Datenbanken Grundlagen) ein hervorgehobenes Ziel gewesen.

Darüber hinaus lässt sich dieses Lern- und Arbeitsbuch auch in der Fachoberschule, der Höheren Handelsschule, in den entsprechenden Lernfeldern der IT-Berufe sowie den Berufsfachschulen einsetzen.

Die Entscheidung, ob die Lernsituationen und die dazugehörigen Handlungsaufgaben in Einzel-, Team-, oder Gruppenarbeit bearbeitet werden, soll jeder Lehrkraft selbst überlassen bleiben.

Cuxhaven, im Sommer 2019

Ralf Salih

Inhaltsverzeichnis

Den Modellverein kennenlernen

Der TSV Cuxland stellt sich vor **7**

Die Datenbanktheorie kennenlernen

Lernsituation 1: Aufbau und Umgang mit einer relationalen Datenbank 9

Aufgabensammlung 13
Checkliste 15
Informationen zum Lösen der Lernsituation 1 und der dazugehörigen Aufgabensammlung 15

Lernsituation 2: Ein Entity-Relationship-Diagramm (ERD) erstellen 19

Aufgabensammlung 25
Checkliste 32
Informationen zum Lösen der Lernsituation 2 und der dazugehörigen Aufgabensammlung 32

Lernsituation 3: Eine Tabelle normalisieren 40

Aufgabensammlung 45
Checkliste 47
Informationen zum Lösen der Lernsituation 3 und der dazugehörigen Aufgabensammlung 47

Lernsituation 4: Datenschutz und Datensicherheit 51

Aufgabensammlung 55
Checkliste 58
Informationen zum Lösen der Lernsituation 4 und der dazugehörigen Aufgabensammlung 59

Die Datenbankpraxis kennenlernen

Lernsituation 5: Eine Tabelle erstellen 64

Aufgabensammlung 66
Checkliste 68
Informationen zum Lösen der Lernsituation 5 und der dazugehörigen Aufgabensammlung 69

Lernsituation 6: Erstellen von Gültigkeitsregeln und -meldungen 82

Aufgabensammlung 86
Checkliste 88
Informationen zum Lösen der Lernsituation 6 und der dazugehörigen Aufgabensammlung 88

Lernsituation 7: Formulare und Berichte erstellen 91

Aufgabensammlung 96
Checkliste 97
Informationen zum Lösen der Lernsituation 7 und der dazugehörigen Aufgabensammlung 98

Lernsituation 8: Tabellen miteinander in Relation (Beziehung) setzen 108

Aufgabensammlung 114
Checkliste 118
Informationen zum Lösen der Lernsituation 8 und der dazugehörigen Aufgabensammlung 118

Lernsituation 9: Abfragen und Filter erstellen 123

Aufgabensammlung 127
Checkliste 129
Informationen zum Lösen der Lernsituation 9 und der dazugehörigen Aufgabensammlung 130

Der TSV Cuxland stellt sich vor

Tradition und Moderne sind für den Turn- und Sportverein Cuxland 1889 e. V. maßgebend. In seiner mittlerweile über 100-jährigen Geschichte ist der TSV Cuxland in der Stadt sowie im Landkreis Cuxhaven ein verlässlicher Partner in Sachen Sport für Jung und Alt. Im Laufe der Zeit haben sich dem Verein mehrere Sportvereine angeschlossen, sodass er inzwischen weit über 8000 Mitglieder zählt. Gut zwei Drittel der Sportler im TSV Cuxland sind Kinder und Jugendliche. Unserem Verein liegt es besonders am Herzen mit ihnen zu arbeiten und sie so für ein lebenslanges Sporttreiben zu begeistern. Neben den offiziellen bzw. großen Sportarten wie Fußball, Handball und Leichtathletik sind im Laufe der Zeit immer mehr neue Sportarten wie beispielsweise Ultimate Frisbee, Headis oder Kite-Surfen hinzugekommen, die sich in der Abteilung Trendsport wiederfinden. So sind mittlerweile 12 Sparten, in denen über 25 verschiedene Sportarten betrieben werden, entstanden. In allen Sportbereichen sind neben den Hobby- und Freizeitsportlern auch ambitionierte Leistungssportler anzutreffen. Diese Sportler finden in unserem Verein beste Voraussetzungen, ihre persönlichen oder auch Teamziele zu erreichen. So hat z. B. unsere 1. Herren im Fußball in diesem Jahr den Aufstieg in die Regionalliga Nord geschafft.

Vereinsanschrift

TSV Cuxland e.V.

Am Sportplatz 13

27476 Cuxhaven

Telefon, Telefax & E-Mail

Telefon: 04721 213 XXX

Telefax: 04721 213 XXX

E-Mail: sport@tsv-cuxland.de

Bankverbindung

Sparkasse Cuxhaven

IBAN: DE1234XXXX

BIC: BRLADE13CUX

Aber auch für Vereinsfremde oder einfach Sportbegeisterte haben wir eine Menge an tollen Events in unserem jährlichen Programm. Feste Bestandteile sind u. a. das jährliche Leichtathletik-Meeting oder unser High Flyer Kite-Cup. Abgerundet werden die sportlichen Aktivitäten durch eine Reihe an Feierlichkeiten, wie beispielsweise unser Sommerfest oder unser Turnerball.

Diese Feierlichkeiten finden nicht nur in unserer vereinseigenen Gastronomie „Vereinsheim" statt, sondern auch in der Stadthalle, an der unser Verein mittlerweile beteiligt ist.

Um unseren Mitgliedern den bestmöglichen Service zu gewährleisten, sind neben unseren 30 hauptberuflichen Mitarbeiterinnen und Mitarbeitern in Voll- und Teilzeit, auch 12 ehrenamtliche Helfer sowie 73 Trainerinnen und Trainer für sie tagtäglich im Einsatz.

Erreichen können Sie uns in den Öffnungszeiten der Geschäftsstelle telefonisch oder in unserer Zentrale in der Stadt Cuxhaven sowie der neuen Außenstelle in der Stadt Otterndorf.

Mit sportlichen Grüßen

Das Präsidium des TSV Cuxland

Organigramm des TSV Cuxland

Der Vorstand

Präsident: U. Ulsamer

Vizepräsident: H. Gerdes

Protokollant: B. Podschwadt

Kaufmännischer Bereich

- Rechnungswesen (Leiter: W. Schiebel)
- Einkauf & Verkauf (Leiter: L. da Silva)
- EDV (Leiter: F. Ludewig)
- Marketing (Leiterin: S. Millé)
- Verwaltung (Leiterin: K. Golumbeck)
- Praktikant (M. Atalay)

Sportsparten

- Fußball (Leiter: P. Sarpei)
- Basketball (Leiter: S. Heilig)
- Handball (Leiterin: R. Müller)
- Schwimmen (Leiter: R. Nietsche)
- Leichtathletik (Leiter: N. Schepergerdes)
- Turnen (Leiterin: P. Kusch)
- Volleyball (Leiterin: C. Millé)
- Tischtennis (Leiter: M. Hoffmann)
- Fitness (Leiterin: C. Mittag)
- Sportabzeichen (Leiterin: M. Hellweg)
- Trendsport (Leiter: O. Janßen)
- Tennis (Leiter: P. Benn)

Sportstätten

- Platzwart: R. Prylepa
- Hallenwart: J. Menne
- Wettkampfwart: H. Mahdi
- Lager: G. Klaus
- Gastronom: R. Perez

Die Datenbanktheorie kennenlernen

Lernsituation 1: Aufbau und Umgang mit einer relationalen Datenbank

In der EDV-Abteilung des Sportvereins TSV Cuxland wird seit Kurzem zur Erstellung von Datenbanken ein Datenbankmanagementsystem eingesetzt. Die Einführung bzw. Umstellung auf eine Datenbanksoftware ist für die Mitarbeiterinnen und Mitarbeiter nicht ganz leicht. Bisher haben sie immer mit Tabellenkalkulationsprogrammen wie Excel gearbeitet und hiermit z. B. die Mitgliederadressen oder die Sponsoren verwaltet. In der Außenstelle der Kleinstadt Otterndorf werden die Mitglieder sogar noch mithilfe von Karteikarten verwaltet, sodass hier die Umstellung besonders schwerfällt. Aus diesem Grund beauftragt der Leiter der Außenstelle Otterndorf, Herr Schwanemann, den Praktikanten Mehmet Atalay mit der Pflege eines Karteikastens, um diese Daten anschließend in eine EDV-gestützte Datenbank übernehmen zu können. Als Mehmet den Karteikasten aus dem Aktenschrank holt, fragt er sich, wofür die Umstellung auf eine computergestützte Datenbank überhaupt gut sei. Der Karteikasten hat doch seine Vorteile. Er zieht die erste Karteikarte aus dem Karteikasten.

Mitgliederkarte		Mitgliedsnummer:	121
Name:	Heilig	Vorname:	Sebastian
Adresse:	Lindeneck 9a 21762 Otterndorf	Telefon:	04751-XXXXX
Kontodaten: Bank:	Sparkasse Otterndorf	IBAN:	DE1234XXXX
Sportarten:	Basketball, Tennis		

Mehmet wundert sich! Nach welchem System wurden die Karteikarten einsortiert? Nach der Mitgliedsnummer?

„Kann nicht sein – wir haben auch Mitglieder, die niedrigere Mitgliedsnummern haben. Auch der Name fällt weg, da H wie Heilig nicht gerade einer der ersten Buchstaben im Alphabet ist."

Mehmet beschließt Herrn Schwanemann zu fragen.

Mehmet: *„Herr Schwanemann, ich habe eine Frage zum Karteikasten!"*

Herr Schwanemann: *„Ja, bitte!"*

Mehmet: *„Nach welchem System sind die Karteikarten sortiert?"*

Herr Schwanemann: *„Normalerweise nach dem Mitgliedsnamen, wieso fragst du?"*

Mehmet: *„Weil ich gerade die erste Karteikarte aus dem Karteikasten gezogen habe und dort das Mitglied Heilig mit der Nummer 121 einsortiert war."*

Herr Schwanemann: *„Das kann bei einem Karteikastensystem schon mal passieren, dass ein Mitarbeiter eine Karteikarte nach ihrer Benutzung falsch einsortiert hat."*

Mehmet: *„Ach so, aber mit der elektronischen Datenbank kann so etwas ja nicht mehr passieren, oder?"*

Herr Schwanemann: *„Ich denke nicht, allerdings kenne ich mich mit Computern auch nicht so gut aus! Du kannst ja bei Gelegenheit unseren neuen Datenbankentwickler, Herrn Korte, fragen!"*

Als Mehmet sich wieder dem Karteikasten widmet, wird ihm ganz anders. *„Hier ist ja alles durcheinander, das Pflegen des Karteikastens kann ja ewig dauern"*, seufzt er.

Informieren

siehe S. 15 ff.

Bearbeiten Sie die Lernsituation mithilfe der Aufzeichnungen aus dem Unterricht oder den passenden Informationen im Anhang der Lernsituation.

Planen, Entscheiden und Durchführen

Um die Karteikarten in ein Datenbankmanagementsystem zu überführen, sollen die benötigten Daten bzw. Informationen identifiziert werden.

1. Sammeln Sie von der Karteikarte aus der Einstiegssituation alle relevanten Daten bzw. Informationen, die Sie für Ihre Datenbank (Tabellen) verwenden würden. Entscheiden Sie anschließend, welche Informationen Sie in jeweils eigenständige Tabellen zusammenfassen würden und übernehmen Sie diese in die entsprechend vorbereitete, unvollständige Tabelle.

Name der Tabelle 1:		
Mitglieds-Nr.	Name	
121		
122		

Begründen Sie kurz Ihre Entscheidung!

Name der Tabelle 2:	

Begründen Sie kurz Ihre Entscheidung!

Name der Tabelle 3:		

Begründen Sie kurz Ihre Entscheidung!

siehe S. 17 f.

2. Überlegen Sie, welche Informationen Ihnen für die Erstellung einer Datenbank für den Sportverein fehlen würden. Schreiben Sie diese stichpunktartig auf.

3. Übernehmen Sie Ihre gegebenenfalls erweiterten Tabellen in ein Tabellenkalkulationsprogramm und kennzeichnen und beschriften Sie die folgenden Punkte:
   - Datensatz
   - Daten
   - Primärschlüssel
   - Datenfeld
   - Tabelle.

Kontrollieren, Festigen und Bewerten

Erstellen Sie in Gruppen ein Lernspiel zum Thema Aufbau und Umgang mit einer relationalen Datenbank. Gehen Sie dabei wie folgt vor: Schreiben Sie auf die Vorderseite einer Karteikarte eine passende Frage und auf die Rückseite die dazugehörige Antwort.

Beispiele:

Vorderseite:
Was wird unter einem Datensatz bzw. Tuple verstanden?

Rückseite:
Ein Datensatz ist eine einzelne Zeile innerhalb einer Tabelle.

Es sollten pro Gruppe mindestens 15 Frage-/Antwortkarten erstellt werden.

Spielablauf:
- Spielen Sie mit Ihrer Gruppe das Spiel gegen eine andere Gruppe.
- Wählen Sie hierzu jeweils 10 Karteikarten aus.
- Anschließend befragen die Gruppen sich abwechselnd gegenseitig.
- Für jede richtige Antwort gibt es 1 Punkt.
- Nach erfolgreicher Runde können Sie eine weitere Gruppe herausfordern.

Tipp:
Sollten Sie während des Spielens falsche Fragen bzw. Antworten finden, müssen diese Karten korrigiert bzw. ausgetauscht werden.

Aufgabensammlung

siehe S. 15 f.

1. Nennen Sie Einsatzbereiche und Vorteile eines Datenbankmanagementsystems.

siehe S. 16 f.

2. Erklären Sie die folgenden Begriffe mit Ihren eigenen Worten:
   a) Datenbankentwickler

   b) Datenbankadministrator

   c) Datenbankuser

siehe S. 17

3. Beschriften und kennzeichnen Sie die folgenden Begriffe:
   - Datensatz
   - Daten
   - Primärschlüssel
   - Datenfeld
   - Tabelle.

Kdnr.	Name	Straße und Nr.	PLZ	Ort	Kontakt
...	...	...	...	...	...
321	Dress	Barkassenweg 2	26123	Oldenburg	0441-XXXXX
...	...	...	...	...	...

siehe S. 18

4. Erklären Sie den Begriff „relationale Datenbank“.

5. Erklären Sie, warum Redundanzen und Dateninkonsistenzen für eine Datenbank schädlich sind.

Checkliste

Nr.	Ich kann …	Gecheckt! ✔
1	… die Einsatzbereiche eines Datenbankmanagementsystems nennen.	
2	… die Vorteile einer computergestützten Datenbank erläutern.	
3	… die Aufgaben eines Datenbankentwicklers, Datenbankadministrators und Datenbankusers unterscheiden.	
4	… die Grundbegriffe beim Umgang mit einem Datenbankmanagementsystem anhand eines Beispiels erklären.	
5	… die Probleme, die innerhalb einer Datenbank durch Datenredundanzen und Datenkonsistenzen entstehen können, erläutern.	
6	… das Grundprinzip einer relationalen Datenbank anhand eines Beispiels aufzeichnen und erklären.	

Informationen zum Lösen der Lernsituation 1 und der dazugehörigen Aufgabensammlung

Einstieg Datenbanken

Auswahl der richtigen Software

Bevor Sie sich an das Arbeiten mit Datenbanken bzw. Microsoft Access machen, sollten Sie sich die Frage stellen, ob Sie Ihr EDV-Problem nicht auch beispielsweise mit einer Tabellenkalkulationssoftware wie Microsoft Excel lösen können. Eine Datenbanksoftware wie Access ist für das Arbeiten mit relationalen Daten vorgesehen, während ein Tabellenkalkulationsprogramm wie Excel, welches Sie in der Regel bereits kennengelernt haben, nur für einfache Datenstrukturen geeignet ist. Bei einer Relationalen Datenbank werden die Informationen, z. B. zu Mitgliedern und Sportarten, jeweils in einer eigenständigen Tabelle gespeichert und später in Beziehung gesetzt. Beispielsweise werden der Name, die Adresse und der Kontakt des Mitgliedes in der Mitgliedertabelle gespeichert, aber die Sportart, die es später beim TSV Cuxland betreibt, in einer anderen Tabelle (z. B. der Sportartentabelle). Diese beiden Tabellen werden anschließend miteinander verknüpft (in Beziehung/Relation gesetzt), sodass nachvollzogen werden kann, welches Mitglied welche Sportart belegt. In Excel müssten Sie hierfür alle Informationen in einer großen Tabelle speichern. Hierbei würde es in der Regel auch zu Redundanzen (Doppelungen) innerhalb einer Tabelle kommen. Sie müssten z. B. das Mitglied bei jeder Sportart, die es betreibt, neu anlegen. Somit würde das Mitglied in einer großen Exceltabelle häufiger vorkommen, vorausgesetzt es betreibt mehrere Sportarten im Verein.

Standardsoftware Datenbanken

In einem Verein oder auch Unternehmen werden viele Informationen gespeichert. Diese Informationen werden Daten genannt. Um mit Daten effizient arbeiten zu können, müssen diese in digitaler Form vorliegen. Heutzutage haben alle großen Vereine oder Unternehmen ihre relevanten Daten (z. B. Mitglieder-, Kunden-, Lieferanten-, Sponsoren-, Artikeldaten etc.) in sogenannten Datenbanken gespeichert. Eine geeignete Software, um Datenbanken zu erstellen und zu verwalten, ist Microsoft Access, die ein Bestandteil von Microsoft Office ist. Programme, die für das Arbeiten mit Datenbanken eingesetzt werden, nennen sich Datenbankmanagementsysteme.

Aufbau einer relationalen Datenbank

Ein Karteikasten kann als einfache Datenbank bezeichnet werden. In einer solchen Karteikastendatenbank sind Informationen strukturiert abgelegt. Diese Struktur ermöglicht dem Benutzer z. B. Informationen schnell und einfach wiederzufinden. Die auf den Karteikarten enthaltenen Informationen können digitalisiert und mithilfe eines Datenbankmanagementsystems verwaltet werden. Hierfür bietet sich z. B. die Software Microsoft Access an. Bei der Übernahme der Informationen in eine computergestützte Datenbank ist darauf zu achten, dass sich die Informationen aus verschiedenen Daten zusammensetzen.

Beispiel:

Die Daten (Informationen), in diesem Beispiel einfache Zahlen (1, 2, 3, 4, 5, 6,...), können für sich genommen viele Bedeutungen haben. Eine 13 könnte beispielsweise eine Mitgliedsnummer sein oder der Mindestbestand eines Artikels im Lager. Erst durch die eindeutige Zuordnung der **Zahl** zum **Text** „Mitgliedsnummer" oder „Mindestbestand" wird aus beiden Daten (Informationen) eine einwandfrei zuzuordnende Information, mit der gearbeitet werden kann.

Mitgliedsnummer
1
2
3
...

(Auszug: Mitgliedertabelle)

Mindestbestand
100
200
150
...

(Auszug: Lagertabelle)

Ein Datenbankmanagementsystem hat gegenüber der Karteikastendatenbank folgende Vorteile:

Vorteile	Beschreibung
Speicherkapazität	Auf z. B. der Festplatte eines Computers bzw. Servers lassen sich mehrere Gigabyte an Daten speichern.
Geschwindigkeit	Das Suchen bestimmter Daten geht innerhalb von wenigen Sekunden.
Details	Zu den einzelnen Daten lassen sich Zusatzinformationen speichern, wie z. B. Bilder.
Vernetzung	Computer können miteinander vernetzt werden. Dies ermöglicht den Zugriff mehrerer Personen auf dieselbe Datenbank.
Kopien	Es lassen sich einfach Kopien einzelner Daten oder der gesamten Datenbank (Sicherungskopie) anlegen.
Auswertung	Der Benutzer kann die Datenbank seinen Bedürfnissen anpassen und auswerten.
Berichte/Abfragen	Es können Abfragen durchgeführt und erstellt werden. Siehe hierzu Kapitel Abfragen bzw. Berichte.

An dieser Stelle sind nur einige Vorteile eines Datenbankmanagementsystems aufgelistet. Es zeigt sich aber schon hier, dass selbst eine Tabellenkalkulationssoftware wie z. B. Microsoft Excel, nicht im Ansatz über die Funktionen und Vorteile eines solchen Datenbankmanagementsystems verfügt.

Aufgaben eines Datenbankmanagementsystems wie Microsoft Access

Die Hauptaufgabe eines Datenbankmanagementsystems ist es, große Mengen an Daten zu verwalten, auszuwerten und zu speichern. Hierzu muss im ersten Schritt eine Datenbank **entwickelt** werden. Die Entwicklung einer Datenbank übernimmt in der Regel ein **Datenbankentwickler**. Er entwirft die Datenbank, setzt seinen Entwurf in die Praxis um und stellt alle wichtigen Parameter ein. Anschließend übergibt er die Datenbank an den **Datenbankadministrator**, z. B. der EDV-Abteilung eines Vereins oder Unternehmens. Ein Administrator sorgt dafür, dass die Datenbank im Verein oder Unternehmen ordnungsgemäß funktioniert. Des Weiteren stellt der Datenbankadministrator den späteren Benutzern die

Zugriffsrechte ein, sodass später nicht jeder Benutzer auf alle Tabellen zugreifen kann. So gehen z. B. die Löhne und Gehälter der Kolleginnen und Kollegen nicht jeden Mitarbeiter des Vereins etwas an. Es könnten ggf. neben der Vereinsführung nur die Mitarbeiter der Personalabteilung diese Zugriffsrechte erhalten. Im letzten Schritt sind es dann die **Datenbankuser** (Benutzer), die mit der Datenbank arbeiten. Sie geben die Informationen bzw. Daten ein und vergrößern so den Datenbestand der Datenbank. Sie verwalten und pflegen bereits bestehende Datenbestände und erstellen bei Bedarf z. B. Abfragen, Formulare und Berichte.

Grundbegriffe beim Umgang mit einem Datenbankmanagementsystem

- Eine **Datenbank** besteht aus mindestens einer Tabelle oder mehreren Tabellen, wie z. B. bei der Datenbank des TSV Cuxland.
- In einer **Tabelle** sind Informationen zu einem bestimmten Thema gespeichert. Im Fall des TSV Cuxland gibt es innerhalb der Datenbank z. B. jeweils eine separate Tabelle für die Mitglieder, die Sportarten und die Sponsoren.

Mitgliedsnr.	Name	Straße und Nr.	PLZ	Ort	Kontakt
...	...	...	...	...	...
121	Heilig	Lindeneck 9 a	21762	Otterndorf	04751-XXXXX
...	...	...	...	...	...

- Die jeweilige Tabelle besteht aus mehreren Datensätzen. Ein **Datensatz oder auch Tupel genannt** ist eine **einzelne Zeile** der Tabelle und umfasst bei der Mitgliedertabelle z. B. alle relevanten Informationen zum jeweiligen Mitglied.

Mitgliedsnr.	Name	Straße und Nr.	PLZ	Ort	Kontakt
...	...	...	...	...	...
121	Heilig	Lindeneck 9 a	21762	Otterndorf	04751-XXXXX
...	...	...	...	...	...

- Das **Datenfeld oder auch Attribute** ist ein einzelner Teil des Datensatzes. Im Beispiel der Kundentabelle z. B. die Straße mit der Hausnummer.

Mitgliedsnr.	Name	Straße und Nr.	PLZ	Ort	Kontakt
...	...	...	...	...	...
121	Heilig	Lindeneck 9 a	21762	Otterndorf	04751-XXXXX
...	...	...	...	...	...

- **Daten oder auch Attributwerte** sind die kleinsten Einheiten einer Datenbank. In einem Datenfeld werden Daten bzw. Informationen eingegeben, beispielsweise Zahlen, Buchstaben oder Sonderzeichen. Jedes Zeichen, jede Zahl etc. sind für sich genommen Daten.

Mitgliedsnr.	Name	Straße und Nr.	PLZ	Ort	Kontakt
...	...	...	...	...	...
121	Heilig	Lindeneck 9 a	21762	Otterndorf	04751-XXXXX
...	...	...	...	...	...

Hinweis: Jede Tabelle einer Datenbank benötigt einen **Primärschlüssel.** Für eine Mitgliedertabelle bietet sich als Primärschlüssel eine Mitgliedsnummer an.

3 Salih - ISBN 978-3-8120-1571-4

Relationale Datenbank

Von einer relationalen Datenbank kann erst gesprochen werden, wenn mindestens zwei Tabellen miteinander in Relation (Beziehung) gesetzt wurden. Die Beziehung besteht über den **Primärschlüssel** der z. B. Mitgliedertabelle (Mastertabelle), der in der Bestelltabelle (Detailtabelle) als sogenannter **Fremdschlüssel** wieder auftaucht.

Mitgliedertabelle		
Mitgliedsnr.	Name	Ort
121	Heilig	Otterndorf
...	...	

Sportartentabelle		
Sportartnr.	Sportartenbezeichnung	Mitgliedsnummer
12	Basketball	121
...	...	

Das Arbeiten mit Relationen hat einige Vorteile. Zum einen kann hierdurch Speicherplatz gespart werden, da keine **Mehrfacheintragungen (Redundanzen)** z. B. des Mitglieds (Name, Ort, Str., ...) vorgenommen werden müssen. Somit muss ein Mitglied in der Mitgliedertabelle nur jeweils einmal eingetragen werden. Lediglich seine Mitgliedsnummer kann häufiger z. B. in der Sportartentabelle vorkommen, da er im Idealfall nicht nur eine Sportart beim TSV Cuxland belegt hat. Es kann jedoch klar nachvollzogen werden, welches Mitglied welche Sportart belegt hat. Zum anderen können durch Relationen **Datenunstimmigkeiten (Dateninkonsistenzen)** vermieden werden. Nichts ist schlimmer als eine Datenbank voller Fehler. Sollte sich z. B. eine Mitgliedsadresse ändern, was ggf. häufiger passieren könnte, muss der Datenbankuser lediglich in der Mitgliedertabelle die Adresse ändern. Alles andere würde weiterhin Gültigkeit haben, da die Mitgliedsnummer gleich bleibt. Ohne Relationen hätten Sie nun durch Kleinstarbeit alle Sportarten durchgehen müssen und wären gezwungen, die neue Adresse per Hand einzugeben. Hieraus ergibt sich, dass eine Datenbank immer auf dem aktuellsten Stand (Datenbankpflege) sein muss. Wenn z. B. ein Mitglied eine neue Adresse hat, muss diese umgehend eingepflegt werden, da sonst z. B. die Rechnung für das Mitglied an die alte Adresse gesendet wird und somit höhere Verwaltungskosten entstehen würden.

Lernsituation 2: Ein Entity-Relationship-Diagramm (ERD) erstellen

Herr Korte, der neue Datenbankentwickler in der EDV-Abteilung des TSV Cuxland entscheidet sich im ersten Schritt für die Mitglieder des Sportvereins in Otterndorf eine eigene kleine Datenbank entwerfen zu lassen. Hierzu möchte er gerne, dass alle Mitarbeiter der EDV-Abteilung ein Entity-Relationship-Diagramm erstellen. Damit diese die Aufgabe ohne Probleme bewältigen können, beauftragt er seinen Mitarbeiter Herrn Hanft ein kurzes Informationsmeeting zum Thema Entity-Relationship-Modell durchzuführen. Bei der Vorbereitung auf das Meeting sucht Herr Hanft in seinen alten Uniunterlagen nach geeigneten Informationen zum Entity-Relationship-Modell bzw. Diagramm. Leider sind seine Unterlagen aus Studentenzeiten nicht sonderlich gut sortiert, so dass er nur folgenden Auszug findet:

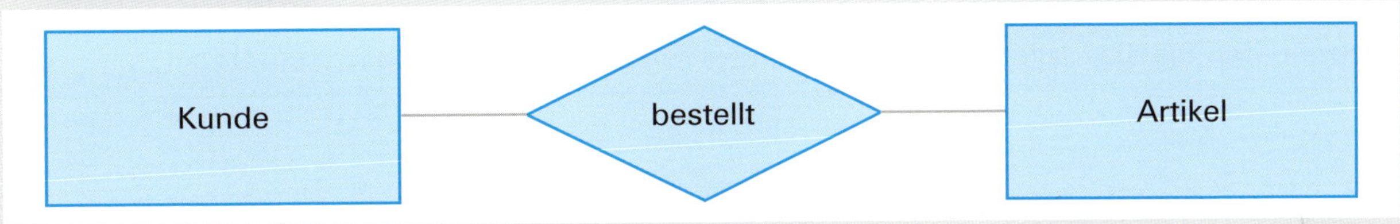

„Was soll ich damit nur anfangen?“, fragt sich Herr Hanft.

Informieren

Bearbeiten Sie die Lernsituation mithilfe der Aufzeichnungen aus dem Unterricht oder den passenden Informationen im Anhang der Lernsituation.

siehe S. 32 ff.

Planen und entscheiden

Um den Mitarbeitern auf dem Meeting das Entity-Relationship-Diagramm (ERD) präsentieren zu können, möchte Herr Hanft im ersten Schritt die möglichen Entitäten, Attribute und Primärschlüssel für die Außenstelle in Otterndorf identifizieren. Hierzu erstellt er aus dem Organigramm und weiteren Informationen aus der Außenstelle Otterndorf folgenden Wirklichkeitsausschnitt:

Die einzelnen Mitglieder sind durch eine eindeutige Mitgliedsnummer identifiziert und besitzen wie jede Person einen Namen und eine Adresse. Jedes Mitglied kann an mehreren Sportarten teilnehmen. Die einzelnen Sportarten kennzeichnen sich durch ihren jeweiligen Namen sowie den dazugehörigen Termin. Für jede Sportart gibt es einen verantwortlichen Leiter, der natürlich auch einen Namen und Kontaktdaten hat. Die entsprechenden Sportstätten besitzen neben einer Bezeichnung auch eine eindeutige Nummer und werden von mehreren Sportarten genutzt.

siehe S. 33 f.

1. Sammeln Sie anhand des Wirklichkeitsausschnitts die möglichen Entitäten.

2. Spezifizieren Sie die Entitäten, indem Sie passende Attribute hinzufügen.

3. Bestimmen Sie einen passenden Primär- und Fremdschlüssel. Ergänzen Sie gegebenenfalls!

Durchführen

siehe S. 34 f.

4. Erstellen Sie aus Ihren Vorplanungen ein passendes Entity-Relationship-Diagramm (ERD), indem Sie die Relationen zwischen den Entitäten sowie die passenden Kardinalitäten hinzufügen.

Kontrollieren, Festigen und Bewerten

5. Präsentieren Sie Ihr fertiges Entity-Relationship-Diagramm (ERD) Ihren Mitschülern. Fertigen Sie hierzu bei Bedarf ein passendes Plakat an. Ergänzen oder korrigieren Sie gegebenenfalls Ihr Entity-Relationship-Diagramm (ERD).

6. Erstellen Sie anschließend einen kurzen eigenen Wirklichkeitsausschnitt zum Thema „Olympische Spiele" mit maximal 4 Entitäten. Lassen Sie anhand Ihres Wirklichkeitsausschnitts von Ihrem Sitznachbarn ein Entity-Relationship-Diagramm (ERD) erstellen. Kontrollieren Sie gegenseitig Ihre Lösungen.

Aufgabensammlung

1. Vor dem Beginn der Arbeit mit einem Datenbankmanagementsystem müssen die Daten mithilfe eines Modells modelliert werden. Hierzu sollen konkrete Informationen bzw. Daten aus der realen Welt modellhaft dargestellt werden, um diese anschließend in eine Datenbank übernehmen zu können. Beschreiben Sie die drei notwendigen Schritte bei der Entwicklung einer Datenbank.

siehe S. 32 ff.

1. Schritt: ______________________

↓

2. Schritt: ______________________

↓

3. Schritt: ______________________

4 Salih - ISBN 978-3-8120-1571-4

siehe S. 33

2. Stellen Sie für die folgenden Beispiele mögliche Entitätsmengen mit ihren jeweiligen Attributen graphisch dar:

2.1 Verlag

2.2 Arztpraxis

2.3 Zoo

3. Erklären Sie mit Ihren Worten die Begriffe und die Bedeutung eines Primär- und eines Fremdschlüssels.

siehe S. 35 ff.

Primärschlüssel	
Fremdschlüssel	

4. Finden Sie für die folgenden Entitätsmengen einen geeigneten Primärschlüssel.

Entitätsmenge	Primärschlüssel
Mitglied	
Artikel	
Bestellung	
Auto	
Deutscher Staatsbürger	
Buch	
Student	
Abteilung	
Verlag	

siehe S. 38 ff.

5. Setzen Sie die folgenden Entitätsmengen in Beziehung. Geben Sie anschließend die passende Kardinalität der Beziehung an.

Schüler	Klasse
Auto	Kennzeichen
Bestellung	Artikel
Autor	Verlag
Mitarbeiter	Abteilung
Artikel	Lieferant

6. Entwerfen Sie anhand eines vereinfachten Wirklichkeitsausschnittes ein Entity-Relationship-Diagramm mit den wesentlichen Elementen (Entitäten, Attribute, Primär-/Fremdschlüssel, Relationen und Kardinalitäten) für

   6.1 Autowerkstatt,

   6.2 Fluggesellschaft.

6.1 ER-Diagramm: Autowerkstatt

6.2 ER-Diagramm: Fluggesellschaft

7. Welchen Vorteil hat die Datenbankmodellierung für einen Datenbankentwickler?

8. Beschreiben Sie anhand einfacher Beispiele sämtliche Möglichkeiten, einen Primärschlüssel zu bilden.

9. Erstellen Sie ein ER-Diagramm für einen ortsansässigen Pizza-Lieferservice.

Checkliste

Nr.	Ich kann ...	Gecheckt! ✔
1	... die nötigen Schritte zur Entwicklung einer Datenbank nennen und erläutern.	
2	... Entitäten und Attribute anhand eines Wirklichkeitsausschnitts identifzieren und benennen.	
3	... Relationen und die passenden Kardinalitäten erkennen und beschriften.	
4	... Primär- und Fremdschlüssel identifizieren sowie deren Bedeutung erklären.	
5	... alle Möglichkeiten der Schlüsselbildung sowie deren Vor- und Nachteile erläutern.	
6	... ein Entity-Relationship-Diagramm vollständig erstellen.	

Informationen zum Lösen der Lernsituation 2 und der dazugehörigen Aufgabensammlung

Datenbankmodellierung mit dem Entity-Relationship-Modell (ERM)

Bevor mit dem Arbeiten mit einem Datenbankmanagementsystem begonnen werden kann, müssen die Daten mithilfe eines Modells modelliert werden. Hierzu werden konkrete Daten aus der realen Welt modellhaft dargestellt, um diese anschließend in eine Datenbank übernehmen zu können. Es handelt sich um den sogenannten **Datenbankentwurf.**

1. Schritt: Datenanalyse (Reale Welt)

↓

2. Schritt: Datenmodellierung (Modell der Wirklichkeit)

↓

3. Schritt: Datenbankerstellung (Datenbankmanagementsystem)

Im **1. Schritt** wird die reale Welt betrachtet. Ziel ist es, die Wirklichkeit so zu betrachten und zu strukturieren, dass sie im weiteren Verlauf anhand der Datenmodellierung auch tatsächlich in eine Datenbank überführt werden kann (Ziel = Datenbankerstellung). Dies geschieht im einfachsten Fall durch Beobachtungen, Befragungen und Experimente. Es können aber auch statistische Merkmale (z. B. Stichproben) jederzeit herangezogen werden.

Beispiele:

- Wie läuft die Aufnahme eines neuen Mitglieds im Sportverein ab? Welche Daten werden benötigt? Welche Daten sind wie miteinander verknüpft?
- Wie arbeitet die Marketingabteilung des TSV Cuxland? Auf welche Daten muss zurückgegriffen werden? Welche Datenstämme müssen miteinander verknüpft werden?

Im **2. Schritt** wird versucht, die erhobenen Daten (Informationen) der realen Welt in ein Modell zu übertragen. Ein Modell ist also nichts weiter als ein Auszug oder beschränktes Abbild der Wirklichkeit. Hierfür stehen mehrere Modelle zur Verfügung. In diesem Buch wird lediglich das Entity-Relationship-Modell (ERM) behandelt. Dieses Modell ist das gängigste Modell bei der Datenmodellierung im Bereich der Datenbanken.

Im **3. Schritt** wird das Modell in die Datenbank überführt. Das heißt, es wird konkret mithilfe eines Datenbankmanagementsystems umgesetzt. Dieser Vorgang nennt sich auch Implementierung. Es werden Datenbestände in Form von Tabellen angelegt und Relationen (Beziehungen) zwischen den Tabellen hergestellt.

Anschließend kann mit der fertigen Datenbank gearbeitet werden. Die Datenbank muss lediglich mit Informationen (Daten) gefüttert werden.

Das Entity-Relationship-Diagramm (ERD)

Das Entity-Relationship-Diagramm ermöglicht die graphische Darstellung unserer realen Wirklichkeit um diese anschließend digital in ein Datenbankmanagementsystem zu überführen (implementieren).

Entität (Entity)

Ein reales Objekt der realen Welt wird als Entität, Englisch Entity, bezeichnet.

Beispiele:

- Ein Auto, z. B. VW Golf
- Ein Buch, z. B. Der Herr der Ringe
- Ein Mitglied, z. B. Patrick Hayes
- Eine Bestellung, z. B. bei Amazon am 13.08.20..

Da es in der Wirklichkeit nicht nur ein bestimmtes Auto, z. B. den VW Golf oder ein bestimmtes Buch, z. B. das Buch „Der Herr der Ringe" gibt, können gleichartige Entitäten zu einer sogenannten Entitätsmenge (Entitätstypen) zusammengefasst werden. Das heißt, dass der VW Golf eine Entität innerhalb der Entitätsmenge Auto darstellt. In dieser Entitätsmenge Auto befinden sich viele andere gleichartige Entitäten wie z. B. der VW Tiguan, der Opel Astra, der Porsche Boxter, der BMW Z3 etc.

Die Darstellung einer Entitätsmenge erfolgt als Rechteck:

Diese Entitätsmenge ist im Datenbankmanagementsystem später eine eigenständige Tabelle: die Tabelle „Auto".

Attribute

Die Tabelle Auto würde noch keine Informationen enthalten. Es muss also genauer betrachtet werden, welche Eigenschaften ein Auto hat bzw. was ein Auto genauer beschreibt und spezifiziert.

Jedes Auto hat eine Farbe, eine PS-Zahl und eine Erstzulassung. Jedes dieser Merkmale wäre ein Attribut innerhalb der Tabelle Auto.

Beispiele:

- Der VW Golf ist schwarz, hat 120 PS und die Erstzulassung am 01.07.20..
- Der Porsche Boxter ist rot, hat 255 PS und die Erstzulassung am 26.07.20..
- Der Opel Astra ist gelb, hat 90 PS und die Erstzulassung am 19.03.19..

5 Salih - ISBN 978-3-8120-1571-4

Diese Attribute wollen wir mithilfe des ER-Diagramms darstellen. Die Darstellung der Attribute erfolgt als Oval:

Um kenntlich zu machen, dass diese Attribute Bestandteile der Entitätsmenge Auto sind, werden diese mit dem Rechteck „Auto“ wie folgt verbunden.

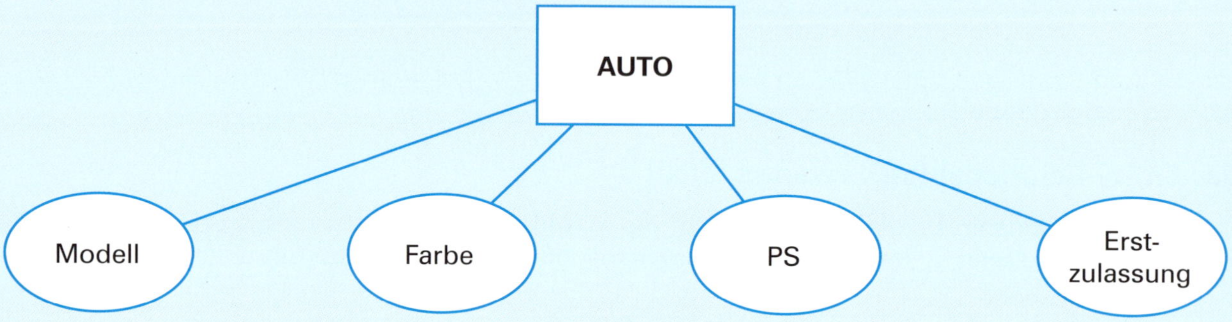

Die Attribute bilden innerhalb der Tabelle Auto später die Spaltenköpfe.

Modell	Farbe	PS	Erstzulassung
VW Golf	schwarz	120	01.07.20..
Porsche Boxter	rot	255	26.07.20..
Opel Astra	gelb	90	19.03.19..
...	...	...	...

Relationen (Beziehungen)

Zwischen Entitätsmengen bestehen häufig, teilweise auf den ersten Blick nicht sichtbare, Beziehungen. Diese Beziehungen müssen mit dem ER-Diagramm visualisiert werden.

So hat beispielsweise jedes Auto ein Kennzeichen. Der VW Golf hat das Kennzeichen CUX-S-XXX, der Porsche Boxter das Kennzeichen HH-O-XXX und der Opel Astra das Kennzeichen OHZ-M-XXX.

Weitere Beispiele:

- Beziehung zwischen Abteilung und Mitarbeiter
- Beziehung zwischen Bestellung und Artikel
- Beziehung zwischen Buch und Autor

Relationen (Beziehungen) werden im ER-Diagramm als Raute dargestellt:

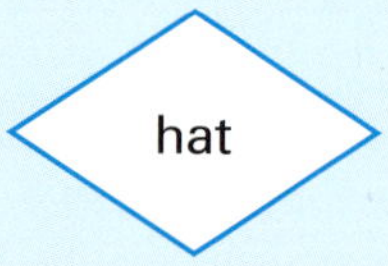

In die Raute wird kurz und knapp vermerkt, was die Beziehung ausmacht bzw. was sie genauer beschreibt. In der Regel wird ein Verb benutzt.

Somit ergibt sich folgendes ER-Diagramm:

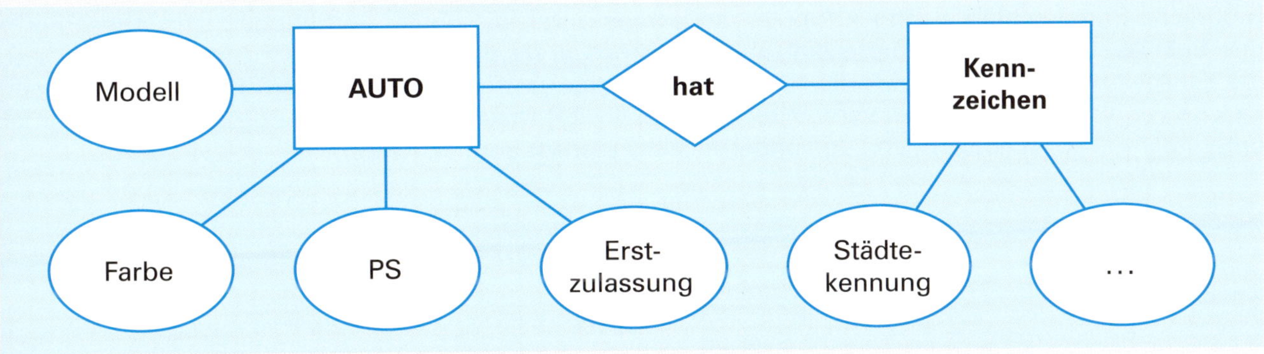

Das ER-Diagramm lässt sich selbstverständlich um weitere Beziehungen erweitern. So könnte z. B. die Zulassungsstelle ergänzt werden.

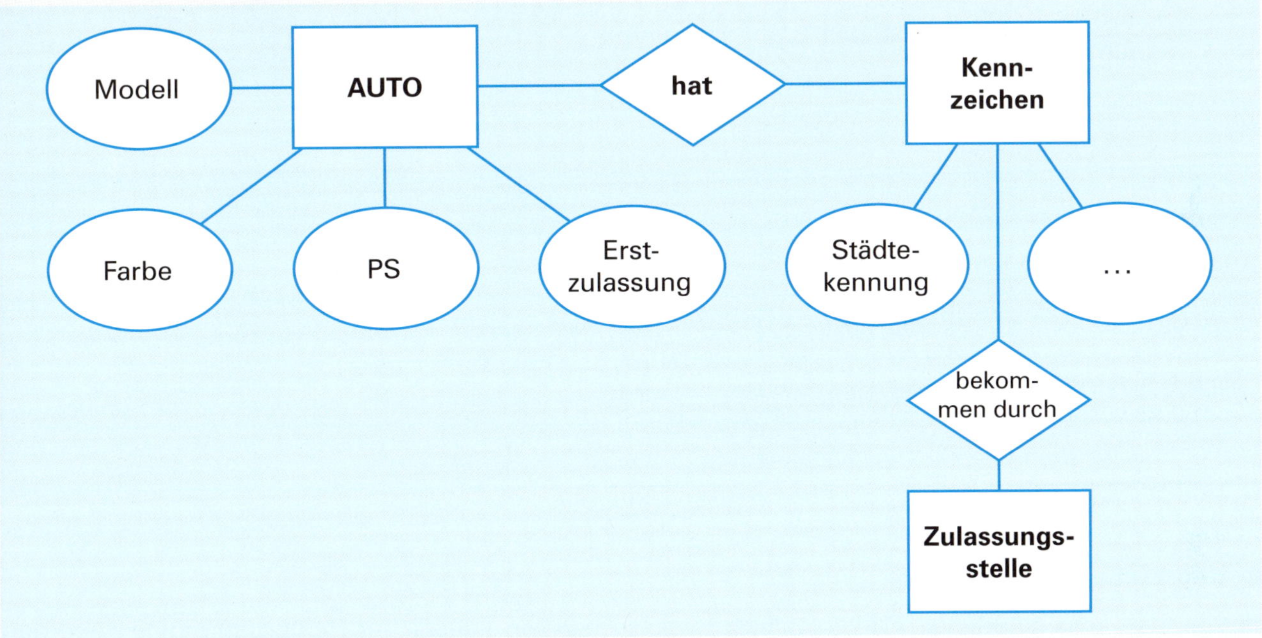

Schlüsselattribute

Damit eine Relation (Beziehung) zwischen zwei oder mehreren Tabellen überhaupt möglich ist, müssen den Tabellen Schlüsselattribute hinzugefügt werden. So benötigt jede Tabelle einen Primärschlüssel. Die meisten Datenbankprogramme zwingen den User beispielsweise zur Eingabe eines solchen Primärschlüssels. Die Primärschlüssel tauchen als Fremdschlüssel in einer anderen Tabelle wieder auf und ermöglichen so die Relation (Beziehung) zwischen diesen Tabellen.

Der Primärschlüssel

Der Primärschlüssel soll eine Tabelle bzw. die darin enthaltenen Datensätze einzigartig und unverwechselbar machen. Aus diesem Grund darf ein Primärschlüssel innerhalb einer Tabelle auch nur ein einziges Mal vorkommen bzw. vergeben werden.

Es gibt verschiedene Arten von Primärschlüsseln.

■ Natürlicher Primärschlüssel

Natürliche Primärschlüssel sind Attribute, die bereits durch die Entität vorgegeben sind. Diese Form des Schlüssels ist ideal, da diese einfach übernommen werden können. Beim Auto wäre dies z. B. die Fahrgestellnummer. Jedes Auto hat eine eindeutige und unverwechselbare Fahrgestellnummer, welche wir als Primärschlüssel verwenden können. Im ER-Diagramm wird der Primärschlüssel immer unterstrichen, so ist er leicht von den anderen Attributen zu unterscheiden.

Beispiel:

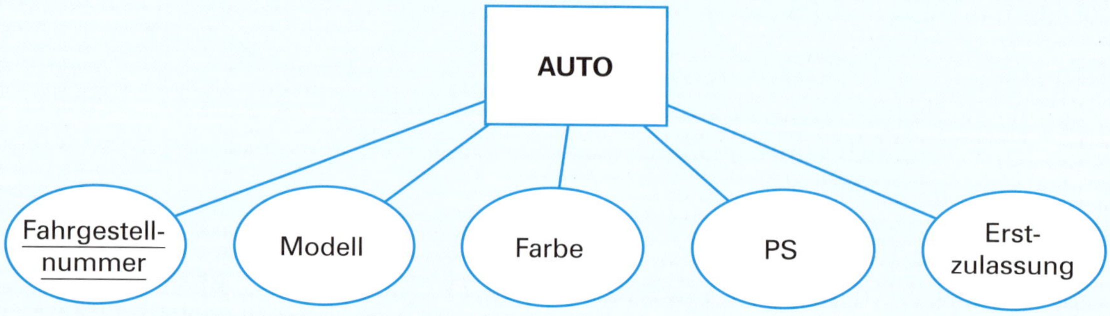

Fahrgestellnummer	Modell	Farbe	PS	Erstzulassung
JH2342324XXX	VW Golf	schwarz	120	01.07.20..
GH427634XXX	Porsche Boxter	rot	255	26.07.20..
SB987073XXX	Opel Astra	gelb	90	19.03.19..
...	...	...	...	...

■ Künstliche Primärschlüssel

Häufig liegt kein natürlicher Primärschlüssel vor, sodass ein künstlicher Schlüssel angelegt werden muss.

Dieser Schlüssel wird von jedem Unternehmen selbst festgelegt. Der Primärschlüssel liegt nicht schon bereits natürlich vor, da es auch keine Definition oder Ähnliches für die Vergabe von Abteilungsnummern gibt.

Beispiel:

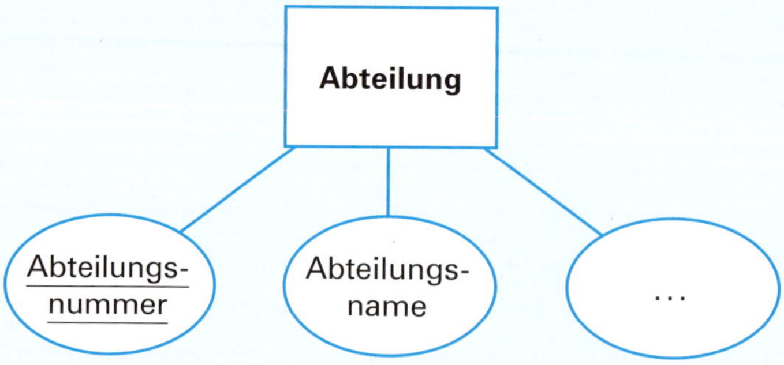

Kombinierter Primärschlüssel

Ein kombinierter Primärschlüssel ist in der Regel nur im Notfall einzusetzen.

Beispiel:

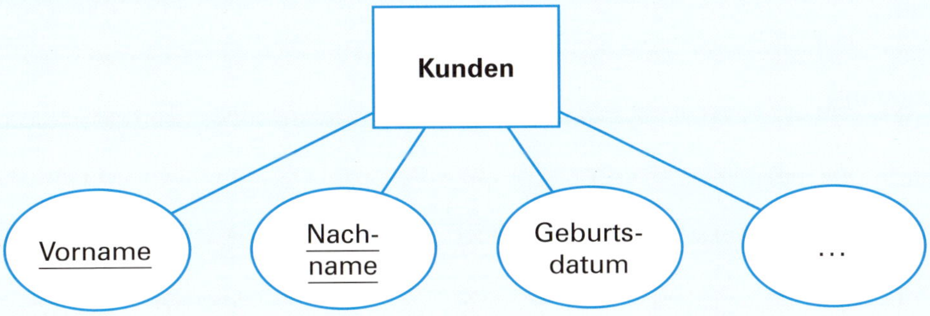

In diesem Beispiel wurden die Attribute Vorname und Nachname miteinander kombiniert und als Primärschlüssel verwendet. Auf den ersten Blick scheint dieses eine gute Lösung zu sein, aber was passiert, wenn es zwei Kunden mit einem identischen Vor- und Nachnamen gibt? Dann wäre der Datensatz nicht mehr eindeutig und unverwechselbar. Es wird zwangsläufig zu Problemen führen, wenn es beispielsweise um eine Bestellung des Kunden geht. Selbst eine mögliche Kombination aus Nachname und Geburtsdatum kann keine hundertprozentige Sicherheit erreichen.

Aus diesem Grund vergeben die Unternehmen in einem solchen Fall lieber einen künstlichen Schlüssel, die sogenannte Kundennummer.

Der Fremdschlüssel

Wie eingangs beschrieben, benötigt jede Tabelle einen Primärschlüssel. Ohne diesen sind keine Relationen (Beziehungen) zwischen Tabellen möglich. Dieser Primärschlüssel taucht als Fremdschlüssel in der Tabelle, mit der eine Beziehung hergestellt werden soll, wieder auf.

Beispiel:

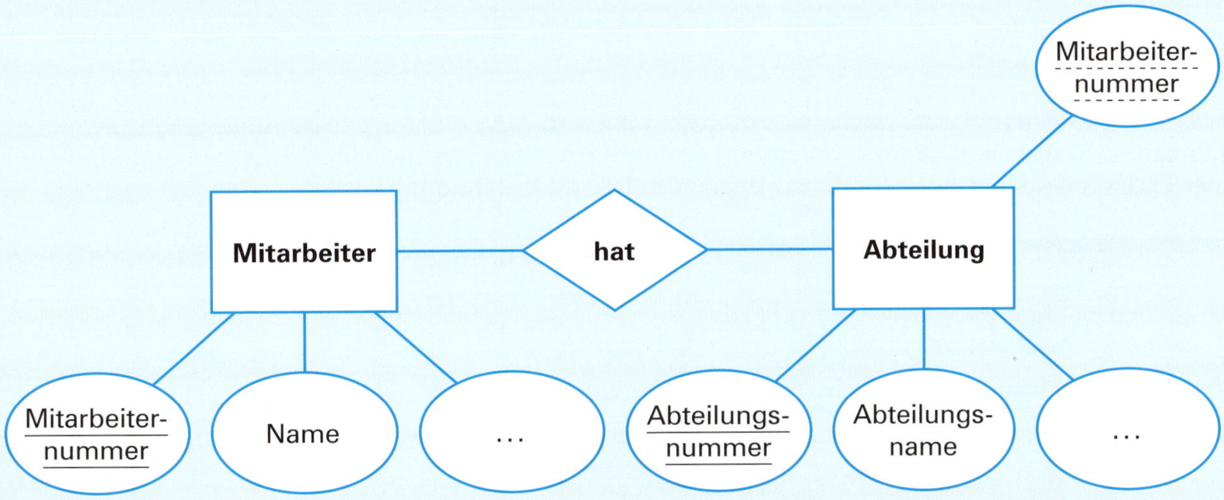

Der Primärschlüssel in der Entitätsmenge Mitarbeiter taucht als Fremdschlüssel in der Entitätsmenge Abteilung wieder auf. Somit können später bei der Umsetzung mit einem Datenbankmanagementsystem jeder Abteilung die passenden Mitarbeiter zugeordnet werden. Der Fremdschlüssel kann im ER-Diagramm bei Bedarf gestrichelt unterstrichen werden. Hierdurch ist der Fremdschlüssel deutlich vom Primärschlüssel und den Nicht-Schlüsselattributen zu unterscheiden.

Kardinalitäten

Die Form der Beziehung wird durch die Kardinalität wiedergegeben. Sprich, wie viele Entitäten aus einer Entitätsmenge sind mit wie vielen Entitäten aus einer anderen Entitätsmenge (und umgekehrt) in Relation (Beziehung)? Im weiteren Verlauf werden die einzelnen Kardinalitäten in vereinfachter Form genauer erläutert.

Die 1-zu-1-Beziehung

Jeder Entität aus der einen Entitätsmenge steht genau mit einer Entität aus einer anderen Entitätsmenge in Relation und umgekehrt.

Beispiele:

- Jedes Auto hat eine eindeutige und unverwechselbare Fahrgestellnummer.
- Jedes Auto bekommt ein Kennzeichen. Jedes Kennzeichen kommt nur einmal vor und ist somit eindeutig und unverwechselbar.

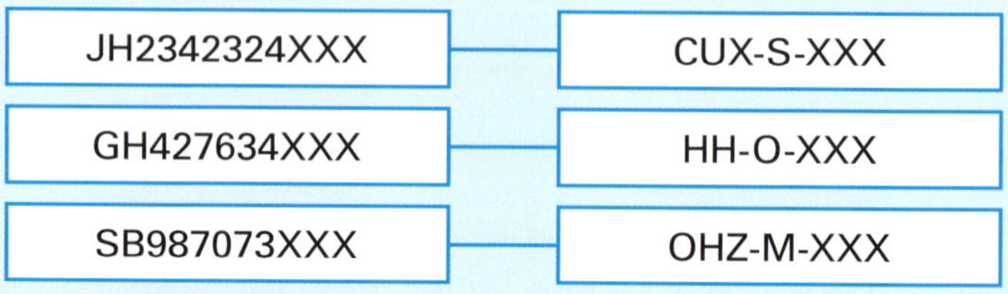

Fahrgestellnummer
JH2342324XXX
GH427634XXX
SB987073XXX
...

Kennzeichen
CUX-S-XXX
HH-O-XXX
OHZ-M-XXX
...

Es wird deutlich, dass zu jedem Auto mit seiner ganz individuellen Fahrgestellnummer nur 1 Kennzeichen passt. Umgekehrt passt nur 1 individuelles Kennzeichen genau zu einem Auto mit seiner unverwechselbaren Fahrgestellnummer.

Als ER-Diagramm wäre die Darstellung wie folgt:

Die Angaben zur Kardinalitätsmenge werden direkt an die Verbindungslinien neben die Raute geschrieben.

Die 1-zu-n-Beziehung

Jeder Entität aus der einen Entitätsmenge steht mit mehreren Entitäten aus der anderen Entitätsmenge in Relation (Beziehung). Umgekehrt stehen mehrere Entitäten aus der einen Entitätsmenge mit genau einer Entität aus der anderen Entitätsmenge in Relation (Beziehung).

Beispiele:

- Jede Abteilung hat mehrere Mitarbeiter und ist durch die Abteilungsnummer gekennzeichnet.
- Jeder Mitarbeiter bekommt eine Personalnummer und ist einer Abteilung zugeordnet.

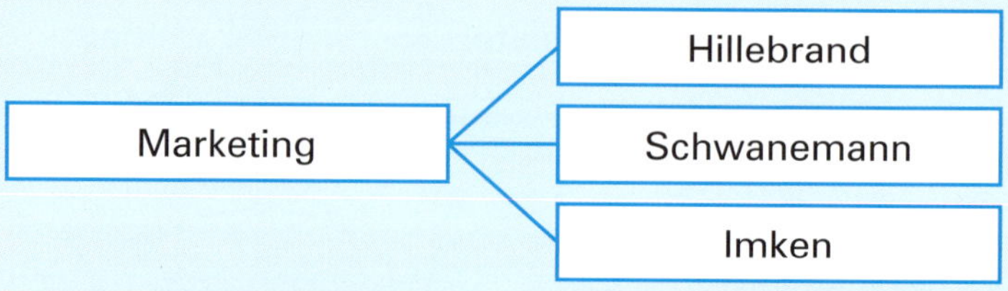

Abteilungsnummer
1 (Marketing)
2 (Einkauf)
3 (Verkauf)
...

Personalnummer
233
234
235
...

Es wird deutlich, dass zu jeder Abteilung mit ihrer ganz individuellen Abteilungsnummer mehrere Mitarbeiter mit ihrer unverwechselbaren Personalnummer passen. Umgekehrt passt nur eine Personalnummer (ein Mitarbeiter) genau zu einer Abteilung mit der unverwechselbaren Abteilungsnummer.

Als ER-Diagramm wäre die Darstellung wie folgt:

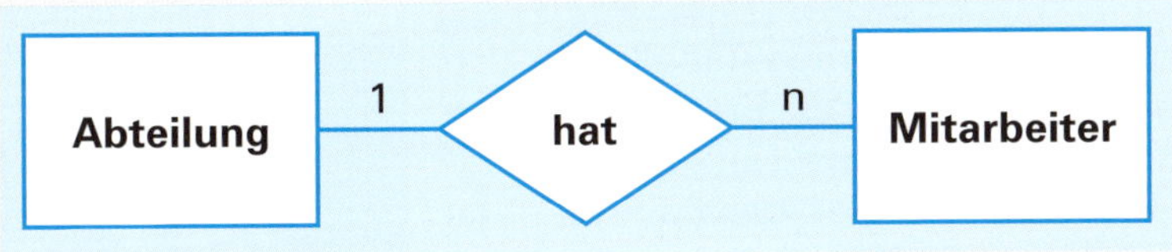

Die Angaben zur Kardinalitätsmenge werden direkt an die Verbindungslinien neben die Raute geschrieben.

Hinweis: Es wird auch von einer 1-zu-n-Beziehung gesprochen, wenn beispielsweise die Abteilung Export innerhalb der Datenbank nur einen Mitarbeiter hätte, da die Mehrzahl der Abteilungen in diesem Unternehmen mehrere Mitarbeiter umfasst. Es ist darauf zu achten, dass die Reihenfolge 1 zu n oder n zu 1 eingehalten wird, je nachdem aus welcher Perspektive das ER-Diagramm betrachtet wird.

Die n-zu-m-Beziehung

Mehrere Entitäten aus der einen Entitätsmenge stehen mit mehreren Entitäten aus der anderen Entitätsmenge in Relation (Beziehung). Umgekehrt gilt es entsprechend.

Beispiele:

- Jeder Kunde hat eine eigene Kundennummer und führt mehrere Bestellungen aus.
- Jeder Artikel wird häufiger bestellt und bekommt eine Artikelnummer.

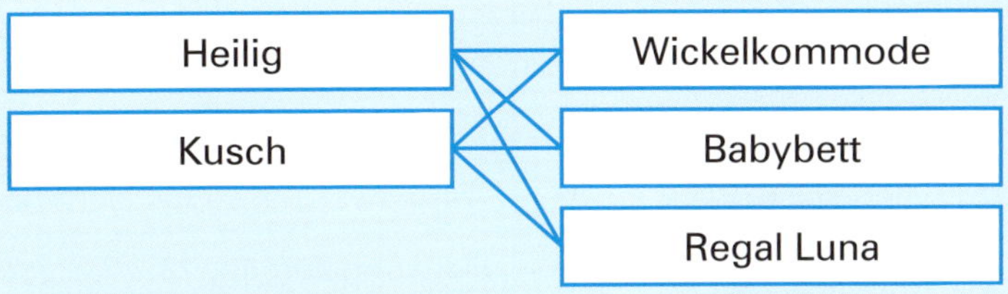

Kundennummer
123
124
125
...

Artikelnummer
2001
2002
2003
...

Als ER-Diagramm wäre die Darstellung wie folgt:

Die Angaben zur Kardinalitätsmenge werden direkt an die Verbindungslinien neben die Raute geschrieben.

Hinweis: Es wird auch von einer n-zu-m-Beziehung gesprochen, wenn beispielsweise ein Kunde innerhalb der Datenbank nur einen Artikel bestellt, da die Mehrzahl der Kunden ja mehrere Artikel bestellt und die meisten Artikel häufiger bestellt werden. Die Reihenfolge (ob n zu m oder m zu n) ist beliebig.

Lernsituation 3: Eine Tabelle normalisieren

Für die spätere Datenbank des TSV Cuxland müssen einige Tabellen in das Datenbankmanagementsystem übernommen werden. Als Erstes soll eine Tabelle über die Spitzenathleten und Trainer in die spätere Datenbank integriert werden. Beim Betrachten der Tabelle wird schnell klar, dass dieses ohne Weiteres nicht möglich ist.

Spitzenathleten und Trainer		
Name, Vorname	**Adresse**	**Trainer-Nr., Trainer, Sportart**
Pospech, Christoph	Baumstraße 14, 21762 Otterndorf	25, Schepergerdes, Laufen
Mahdi, Ali	Blumenstraße 102, 22143 Cuxhaven	13, Drees, Schwimmen
Neumann, Kai	Steinweg 33, 23777 Stade	15, Menne, Turnen
Müller, Rainer	Wasserweg 19, 21764 Hemmoor	25, Schepergerdes, Laufen
Willms, Wilko	Schlammplatz 13, 23777 Stade	25, Schepergerdes, Laufen
Saathoff, Dieter	Naustr. 1, 28123 OHZ	15, Menne, Turnen
Surmann, Marcus	Pannenweg 90, 21765 Cadenberge	13, Drees, Schwimmen

Der neue Datenbankentwickler des TSV Cuxland, Herr Korte, stellt sofort fest, dass die Daten in der Tabelle nicht einzeln – sprich atomar – vorliegen. Hinzu kommen doppelte Daten. So sind z. B. die Trainer anscheinend für mehrere Athleten zuständig und tauchen demnach auch häufiger in der Tabelle auf. *„Eine solche Tabelle können wir nicht in unser Datenbankmanagementsystem übernehmen, da muss Herr Hanft wohl ran,“* denkt sich Herr Korte.

Informieren

siehe S. 47 ff.

Bearbeiten Sie die Lernsituation mithilfe der Aufzeichnungen aus dem Unterricht oder den passenden Informationen im Anhang der Lernsituation.

Planen, Entscheiden und Durchführen

1. Überlegen Sie, inwieweit die Tabelle in der Einstiegssituation gegen die Regeln der ersten Normalform verstößt.

____

____

____

____

2. Führen Sie anhand der Tabelle den Prozess der Normalisierung von der nullten Normalform (unnormalisiert) in der Einstiegssituation in die erste Normalform durch.

Erste Normalform:							

3. Überlegen Sie, inwieweit Ihre Tabelle der ersten Normalform gegen die Regeln der zweiten Normalform verstößt.

siehe S. 48ff.

6 Salih - ISBN 978-3-8120-1571-4

4. Führen Sie den Prozess der Normalisierung von der ersten Normalform in die zweite Normalform durch.

Zweite Normalform:						

(Tabelle 1)

Zweite Normalform:		

(Tabelle 2)

5. Überlegen Sie, inwieweit Ihre Tabelle der zweiten Normalform gegen die Regeln der dritten Normalform verstößt.

6. Führen Sie den Prozess der Normalisierung von der zweiten Normalform in die dritte Normalform durch.

Dritte Normalform:

(Tabelle 1)

Dritte Normalform:	

(Tabelle 2)

Dritte Normalform:	

(Tabelle 3)

Dritte Normalform:		

(Tabelle 4)

Kontrollieren, Festigen und Bewerten

1. Erstellen Sie eine kurze Checkliste für den Prozess der Normalisierung.

2. Um die Tabelle der Seniorensportgruppe in das Datenbankmanagementsystem übernehmen zu können, muss diese Tabelle ebenfalls normalisiert werden. Überführen Sie die folgende unnormalisierte Tabelle (nullte Normalform) schrittweise von der ersten in die dritte Normalform. Übernehmen Sie hierfür die Tabelle in ein Tabellenkalkulationsprogramm. Hierdurch haben Sie die Möglichkeit, einzelne Bestandteile der Tabelle einfach zu kopieren.

Gruppe	Name	Adresse
Ü60	Prylepa, Rene	Heinzweg 9, 21777 Wanna
Ü50	Mittag, Christina	Erbärstrasse 114, 21921 Nordholz
Ü60	Hellweg, Melanie	Fridulinallee 19, 21311 Belum
Ü60	Nietsche, Rudi	Zitronenweg 7, 21762 Otterndorf
Ü50	Lorenz, Ulla	Boxengasse 99, 21561 Lüdingworth

3. Präsentieren Sie, z. B. per Beamer, Ihrer Klasse die jeweilige Normalform.

4. Stellen Sie heraus, welche Vorteile die Normalisierung einer Tabelle hat.

Aufgabensammlung

1. Erklären Sie den Unterschied zwischen den drei Normalformen.

siehe S. 47 ff.

2. Lösen Sie die folgende Aufgabe, indem Sie die Tabelle von der nullten Normalform in die dritte Normalform transformieren.

Kunde	Re.-Nr.	Re.-Datum	Speisen & Getränke	Kategorie	Anzahl	Preis
Herbert Ahmed, Linendenweg 3, Otterndorf	R1	22.10.2019	Pizza Diabolo	Pizza	3	7,00 €
Jörg Menne, Torweg 176, Jever	R2	22.10.2019	Lasagne	Pasta	1	6,00 €
Jürgen Schwanemann, An der Medem 9, Ihlienworth	R3	23.10.2019	Pizza Poco Loco	Pizza	1	9,00 €
Hauke Imken, Bergweg 151, Bad Bedakesa	R4	23.10.2019	Fanta	Getränke	2	3,00 €
Jörg Menne, Torweg 176, Jever	R5	23.10.2019	Pizza Diabolo	Pizza	4	7,00 €

3. Beschreiben Sie Ihre einzelnen Schritte zur Normalisierung der Tabelle aus der vorherigen Aufgabe.

Checkliste

Nr.	Ich kann ...	Gecheckt! ✔
1	... die Notwendigkeit der Normalisierung von Tabellen erkennen und erklären.	
2	... eine unnormalisierte Tabelle (nullte Normalform) in die erste Normalform transformieren.	
3	... eine Tabelle aus der ersten Normalform in die zweite Normalform transformieren.	
4	... eine Tabelle aus der zweiten Normalform in die dritte Normalform transformieren.	
5	... einen vollständigen Normalisierungsprozess durchführen.	

Informationen zum Lösen der Lernsituation 3 und der dazugehörigen Aufgabensammlung

Der Normalisierungsprozess

Der Prozess der Normalisierung muss immer dann durchgeführt werden, wenn die Daten (Informationen) nicht in geeigneter Form (siehe Beispiel in der Ausgangssituation) vorliegen. Mit diesen Daten kann ein Datenbankmanagementsystem wie beispielsweise Microsoft Access nicht vernünftig arbeiten, d. h., eine solche Tabelle kann nicht ohne Probleme verwaltet werden. Für jeden Datenbankanwender wäre eine derartige Tabelle eine Zumutung. Ziel der Normalisierung soll es sein, Datenredundanzen sowie Dateninkonsistenzen zu vermeiden, um so ein effizientes Arbeiten mit der Datenbank zu ermöglichen.

Liegt eine Tabelle wie in der Ausgangssituation vor, welche noch nicht normalisiert wurde, spricht man von einer **unnormalisierten** Tabelle oder der **nullten Normalform**. Solche Tabellen entstehen häufig, wenn z. B. Daten aus anderen Programmen importiert wurden.

Die erste Normalform

Die erste Normalform schreibt vor, dass alle Daten nur atomar vorliegen. Somit darf in jedem Datenfeld nur eine Information stehen.

Beispiel:

Nullte Normalform (unnormalisiert)

Betreuer-Nr., Betreuer	Name, Vorname	Adresse
10, Mahdi	Speck, Bernd	Lindenweg 19, 21762 Otterndorf
11, Janßen	Speck, Bernd	Lindenweg 19, 21762 Otterndorf
12, Klüv	Larsen, Kai	Pfauenweg 100, 21123 Oldenburg
10, Mahdi	Berg, Rita	Ebertstr. 13, 22143 Cuxhaven
10, Mahdi	Boll, Peter	Godecke 21, 21762 Otterndorf
12, Klüv	Gut, Fritz	Kibitzweg 79, 23777 Stade
11, Janßen	Main, Bob	Schlump 6, 21764 Hemmoor

In der Spalte Betreuer-Nr. und Betreuer steht sowohl die Betreuernummer als auch der Betreuername. Gleiches gilt für den Namen und Vornamen. In der Spalte Adresse stehen die Straße und die Hausnummer sowie auch der Ort und die Postleitzahl. Somit liegen die Daten nicht atomar vor!

Um die erste Normalform zu erreichen muss die Tabelle wie folgt normalisiert (umgewandelt) werden:

Betreuer-Nr.	Betreuer	Name	Vorname	Strasse inkl. Hausnummer	PLZ	Ort
10	Mahdi	Speck	Bernd	Lindenweg 19	21762	Otterndorf
10	Mahdi	Berg	Rita	Ebertstr. 13	22143	Cuxhaven
10	Mahdi	Boll	Peter	Godecke 21	21762	Otterndorf
11	Janßen	Speck	Bernd	Lindenweg 19	21762	Otterndorf
11	Janßen	Main	Bob	Schlump 6	21764	Hemmoor
12	Klüv	Larsen	Kai	Pfauenweg 100	21123	Oldenburg
12	Klüv	Gut	Fritz	Kibitzweg 79	23777	Stade

Nach dieser Transformation in die erste Normalform liegen nun alle Daten atomar vor. Mit der Tabelle ist jetzt schon ein deutlich besseres Arbeiten möglich. So könnte ohne Probleme nach dem Ort gesucht bzw. gefiltert werden. Es fällt bereits auf, dass die Betreuer-Nr., die Betreuer und der Kunde Bernd Speck (hat 2 Betreuer) häufiger (Redundanzen) in der Tabelle vorkommen.

Hinweis: Hausnummer und die Straße sollten nicht getrennt werden, da ein späteres Arbeiten mit der Tabelle in Bezug auf die Hausnummern (z. B. Filtern etc.) wenig Sinn ergibt. Die Primärschlüssel können in der jeweiligen Tabelle unterstrichen werden.

Die zweite Normalform

Die zweite Normalform schreibt vor, dass wir uns in der ersten Normalform befinden müssen und jedes Attribut von einem Primärschlüssel funktional abhängig sein muss. Sollten sich aus der Tabelle heraus keine Primärschlüssel ergeben, müssen diese jetzt hinzugefügt werden. Hierdurch entstehen neue eigenständige Tabellen, die mithilfe von Fremdschlüsseln verknüpft werden. Um den Primärschlüssel kenntlich zu machen, wird dieser unterstrichen.

Um die zweite Normalform zu erreichen, muss die Tabelle wie folgt normalisiert (umgewandelt) werden:

Tabelle Kunden

Kunden-Nr.	Name	Vorname	Strasse inkl. Hausnummer	PLZ	Ort
100	Speck	Bernd	Lindenweg 19	21762	Otterndorf
101	Berg	Rita	Ebertstr. 13	22143	Cuxhaven
102	Boll	Peter	Godecke 21	21762	Otterndorf
103	Friedmann	Karl	Bisweg 11	24123	Jever
104	Main	Bob	Schlump 6	21764	Hemmoor
105	Larsen	Kai	Pfauenweg 100	21123	Oldenburg
106	Gut	Fritz	Kibitzweg 79	23777	Stade

Die Kunden haben ihre Kundennummer (künstlich) erhalten, Redundanzen konnten in dieser Tabelle aufgelöst werden (Kunde Bernd Speck wurde einmal entfernt). Jeder Kunde ist jetzt eindeutig und unverwechselbar über die Kundennummer identifizierbar. Die von der Kundennummer funktional abhängigen Attribute befinden sich in der neuen Kundentabelle.

Tabelle Betreuer

Betreuer-Nr.	Betreuer
10	Mahdi
11	Janßen
12	Klüv

In der Tabelle Betreuer befinden sich die bereits in der ersten Normalform enthaltenen Betreuernummern. Diese fungieren in dieser Tabelle als Primärschlüssel. Davon funktional abhängig ist der jeweilige Betreuer (Name), dieser wurde der Tabelle hinzugefügt. Es fällt auf, dass im Vergleich zur ersten Normalform jede Betreuernummer sowie der dazugehörige Betreuer nur noch einmal (keine Redundanzen) vorkommt.

Um die beiden Tabellen miteinander in Relation (Beziehung) setzen zu können, muss in diesem Fall eine Verknüpfungstabelle hinzugefügt werden.

Tabelle Kundenbetreuung

Kunden-Nr.	Betreuer-Nr.
100	10
100	11
101	10
102	10
103	11
104	11
105	12
106	12

Mithilfe der Tabelle Kundenbetreuung kann jeder Kundennummer bzw. jedem Kunden der passende Betreuer zugewiesen werden. Die Redundanzen entstehen z. B. dadurch, dass ein Kunde mehrere Betreuer hat bzw. ein Betreuer mehrere Kunden.

Hinweis: Hätte jeder Kunde maximal einen Betreuer und somit nur die Betreuer mehrere Kunden, wäre die Lösung einfacher. Es müsste dann lediglich die Betreuer-Nr. der Kundentabelle hinzugefügt werden, die Kundenbetreuungstabelle könnte somit entfallen.

7 Salih - ISBN 978-3-8120-1571-4

Die dritte Normalform

Die dritte Normalform schreibt vor, dass wir uns in der zweiten Normalform befinden müssen und alle Nichtschlüsselattribute untereinander unabhängig sind. Ansonsten werden die untereinander abhängigen Nichtschlüsselattribute in eine neue Tabelle ausgelagert.

Um die dritte Normalform zu erreichen, muss die Tabelle wie folgt normalisiert (umgewandelt) werden:

Tabelle Kunden

Kunden-Nr.	Name	Vorname	Strasse inkl. Hausnummer	PLZ
100	Speck	Bernd	Lindenweg 19	21762
101	Berg	Rita	Ebertstr. 13	22143
102	Boll	Peter	Godecke 21	21762
103	Friedmann	Karl	Bisweg 11	24123
104	Main	Bob	Schlump 6	21764
105	Larsen	Kai	Pfauenweg 100	21123
106	Gut	Fritz	Kibitzweg 79	23777

Die PLZ ist abhängig vom Ort und der Ort von der PLZ, somit besteht zwischen diesen beiden Nichtschlüsselattributen eine Abhängigkeit. Diese muss wie folgt aufgelöst werden:

Tabelle Ort

PLZ	Ort
21123	Oldenburg
21762	Otterndorf
21764	Hemmoor
22143	Cuxhaven
23777	Stade
24123	Jever

Es muss gewährleistet sein, dass jedem Kunden ein Ort zugewiesen werden kann. Aus diesem Grund müssen die beiden neu entstandenen Tabellen miteinander in Relation (Beziehung) gesetzt werden. Hierfür eignet sich die PLZ als natürlicher Schlüssel. Die PLZ fungiert somit in der neuen Tabelle Ort als Primär- und in der alten Kundentabelle als Fremdschlüssel. Durch diesen Schritt konnte eine Redundanz in der Kundentabelle vermieden werden, da zwei Kunden aus der gleichen Stadt kommen. In der Zukunft können jetzt neue Orte und Postleitzahlen einfach in der Tabelle Ort hinzugefügt werden – jeder Ort und jede Postleitzahl kommt in der Tabelle Ort nur einmal vor (keine Redundanzen). Eine spätere Relation (Beziehung) über die PLZ mit weiteren Tabellen wäre jederzeit möglich.

Hinweis: Die Tabellen Betreuer und Kundenbetreuung von Seite 49 können komplett für die dritte Normalform übernommen werden. Sofern ein Fremdschlüssel in einer Tabelle aufgenommen wird, kann dieser unterstrichen werden, wie am Beispiel der PLZ.

Lernsituation 4: Datenschutz und Datensicherheit

In der EDV-Abteilung des TSV Cuxland fällt der Mitarbeiter Herr Liebenthron aufgrund eines Kiteunfalls mehrere Wochen aus. Herr Liebenthron war gerade damit beschäftigt, die Mitgliedertabelle zu bearbeiten. Hierfür wollte er mit einem Datenbankprogramm den einzelnen Mitgliedern weitere Attribute (Mitgliederinformationen) hinzufügen.

Der Abteilungsleiter der EDV-Abteilung, Herr Ludewig, bittet nun Herrn Hanft, mit den Vorarbeiten anzufangen, sodass Herr Liebenthron nicht zu viel Zeit verliert.

Herr Hanft beginnt damit, in einer Tabelle den Mitgliedern des TSV Cuxland verschiedene Eigenschaften zu geben. Als Erstes fügt er die Spalten mit den bevorzugten Zahlungsmethoden und Zahlungsbesonderheiten hinzu. Als Herr Hanft beim ersten Mitglied, Tobi Nieland die IBAN und Kreditkarten-Daten eingibt, wird er nachdenklich: *„Dürfen wir diese Daten überhaupt erheben und abspeichern? Was passiert, wenn solche sensiblen Daten in die Hände unbefugter Dritter gelangen? Schließlich könnte ich ja jetzt schon mit den Kreditkarteninformationen von Herrn Nieland im Internet meinen nächsten Urlaub buchen."*

Mit dieser Ungewissheit möchte Herr Hanft nicht weiter an der Tabelle arbeiten und sucht das Gespräch mit seinem Abteilungsleiter, Herrn Ludewig.

Herr Hanft: *„Herr Ludewig, ich habe einige Fragen zu den Tabellen, die ich gerade erstellen soll".*

Herr Ludewig: *„Na dann schießen Sie mal los".*

Herr Hanft: *„Es gibt in den Tabellen ja einige sensible Daten, wie können wir sicherstellen, dass diese Daten z. B. nicht in die Hände unbefugter Dritter gelangen?"*

Herr Ludewig: *„Puh, äh, ähm, ja, gut, die Thematik haben wir schon viel zu lange vor uns hergeschoben, da müssen wir wohl jetzt endlich mal was machen. Bevor Sie mit den Tabellen weiterarbeiten, möchte ich Sie bitten, sich mit der Thematik des Datenschutzes und der Datensicherheit beim TSV Cuxland zu beschäftigen und mir Ihre Ergebnisse in einer kurzen Präsentation zu erläutern."*

Informieren

Bearbeiten Sie die Lernsituation mithilfe der Aufzeichnungen aus dem Unterricht oder den passenden Informationen im Anhang der Lernsituation.

siehe S. 59 ff.

Planen, Entscheiden

Herr Hanft beginnt sofort mit der Arbeit. Bei seinen Recherchen im TSV Cuxland stellt er eine Reihe an kritischen Zuständen fest.

1. Bearbeiten Sie die folgenden Fälle und beschreiben Sie, welche Gefahr für den TSV Cuxland entstehen könnte und mit welcher Maßnahme diese Gefahr vom Verein abgewendet werden könnte:

a) Damit sich die Mitarbeiter die neuen Passwörter nicht immer merken müssen, werden diese an zentraler Stelle im Büro ausgehängt.
Gefahr:
Maßnahme:

b) Alle Mitarbeiter haben vollen Zugriff auf alle Computer im Verein.

Gefahr:

Maßnahme:

c) Alle Mitarbeiter können ihre Daten per USB-Stick auch zu Hause weiterbearbeiten.

Gefahr:

Maßnahme:

d) Einmal im Monat werden sämtliche Daten vom Server auf eine externe Festplatte kopiert. Diese liegt für Notfälle in der Schreibtischschublade von Herrn Ludewig bereit.

Gefahr:

Maßnahme:

e) Es wird im Verein mit unterschiedlichen Versionen von Office gearbeitet.

Gefahr:

Maßnahme:

f) Um Mitgliederzuschüsse zu bekommen, werden einige Daten per Mail an die Krankenkassen weitergeleitet.

Gefahr:

Maßnahme:

2. Ergänzen Sie drei weitere mögliche kurze Fälle und lassen Sie diese von einer anderen Person bearbeiten.

g)
Gefahr:
Maßnahme:

h)
Gefahr:
Maßnahme:

i)
Gefahr:
Maßnahme:

Durchführen

3. Erstellen Sie mithilfe der beantworteten Fragen eine kurze Präsentation zum Thema Datenschutz und Datensicherheit beim TSV Cuxland.

   Die Präsentation hat u.a. das Ziel, Herrn Ludewig davon zu überzeugen, sich beim Vorstand für die Ernennung eines Datenschutzbeauftragten einzusetzen.

   Ihre Präsentation soll mindestens die folgenden Punkte enthalten:

   - Informelle Selbstbestimmung
   - Personenbezogene Daten
   - Datenschutz-Grundverordnung
   - Datensicherheit
   - Datenschutzbeauftragter
   - Bundesdatenschutz

Kontrollieren, Festigen und Bewerten

4. Präsentieren und diskutieren Sie Ihre Ergebnisse. Lassen Sie sich anhand des folgenden Bewertungsbogens ein Feedback zu Ihrer Präsentation geben. Ergänzen Sie bei Bedarf den Bewertungsbogen um einige weitere Kriterien.

Bewertungsbogen für eine Präsentation				
Nr.	**Kriterien**	**+**	**0**	**–**
1	Die Präsentation hatte eine nachvollziehbare Struktur (roter Faden).			
2	Die für die Thematik relevanten Punkte wurden angesprochen.			
3	Die Punkte wurden anschaulich, praxisnah und inhaltlich richtig erklärt.			
4	Die Inhalte wurden passend visualisiert und ggf. für das entsprechende Medium aufbereitet.			
5	Die Mimik (Mienenspiel) und die Gestik (Körpersprache) waren passend.			
6	Die Sprache (Sprechweise, Lautstärke und Sprechtempo) war klar und deutlich.			
7				
8				

Nachdem Sie durch die Präsentationen zum Experten im Bereich Datenschutz und Datensicherheit geworden sind, können Sie weitere relevante Fragen für den TSV Cuxland beantworten.

5. Erstellen Sie mindestens drei Fragen zum Thema Datenschutz und Datensicherheit. Lassen Sie diese anschließend von einer anderen Person beantworten.

Beispiel:
Frage: Wie kann der TSV Cuxland die Daten vor Hackern schützen?
Antwort: Z. B. durch das Installieren einer Firewall.

Frage: ?

Antwort:

Frage: ?

Antwort:

Frage: ?

Antwort:

Aufgabensammlung

1. Erklären Sie den Unterschied zwischen Datenschutz und Datensicherheit.

siehe S. 59 ff.

2. Schreiben Sie drei fiktive Passwörter auf. Lassen Sie diese von einer anderen Person in Bezug auf ihre Sicherheit überprüfen. Korrigieren Sie ggf. Ihr Passwort.

Passwort 1:	Sicher	☐
	Unsicher	☐
Passwort 2:	Sicher	☐
	Unsicher	☐
Passwort 3:	Sicher	☐
	Unsicher	☐

3. Nehmen Sie Stellung zu den personenbezogenen Daten. Welche Daten sollten Ihrer Meinung nach geschützt werden, welche Punkte finden Sie übertrieben oder sind für Sie nicht schützenswert? Begründen Sie jeweils Ihre Entscheidungen. Diskutieren Sie bei Bedarf im Plenum.

siehe S. 60

Personenbezogene Daten	
Diese personenbezogenen Daten müssen geschützt werden:	**Begründung:**
Diese personenbezogenen Daten müssen nicht geschützt werden:	**Begründung:**

4. Erklären Sie mit Ihren Worten die informelle Selbstbestimmung in Bezug auf den Datenschutz.

siehe S. 59

5. Erläutern Sie die Bedeutung sowie die Aufgaben eines Datenschutzbeauftragten.

siehe S. 62

Bedeutung	
Aufgaben	

8 Salih - ISBN 978-3-8120-1571-4

6. Ziehen Sie mögliche persönliche Konsequenzen für sich, Ihre Familie und Freunde, aus den neuen Kenntnissen zum Thema Datenschutz und Datensicherheit.

Beispiel: *Ich werde meine Daten nur noch auf einem passwortgeschützten USB-Stick mit in die Schule nehmen, damit diese Daten bei einem möglichen Verlust des Sticks nicht von Fremden ohne Weiteres ausgelesen werden können.*

Checkliste

Nr.	Ich kann ...	Gecheckt! ✔
1	... die Bedeutung des Datenschutzrechts (DSGVO und BDSG) und insbesondere die darin enthaltene informelle Selbstbestimmung nachvollziehen und beurteilen.	
2	... die Aufgaben und Funktionen eines Datenschutzbeauftragten nennen und verstehen.	
3	... personenbezogene Daten genauer spezifizieren.	
4	... den Begriff Datenschutz anhand von Beispielen erklären und Sicherheitsmaßnahmen aufzeigen und erläutern.	
5	... den Begriff Datensicherheit anhand von Beispielen erklären und Sicherheitsmaßnahmen aufzeigen und erläutern.	
6	... die Bedeutung des Datenschutzes und der Datensicherheit für mich persönlich und für Organisationen bzw. Unternehmen einschätzen und beurteilen.	

Informationen zum Lösen der Lernsituation 4 und der dazugehörigen Aufgabensammlung

1 Datenschutz und Datensicherheit

Die Begriffe Datenschutz und Datensicherheit werden im Alltag häufig falsch oder gar als Synonym verwendet.

Datenschutz	Datenschutz ist das Recht eines jeden Bürgers. Der Schutz der Privatsphäre soll durch die informelle Selbstbestimmung gewährleistet werden und so sollen die personenbezogenen Daten vor Missbrauch geschützt werden. Aus diesem Grund gibt es für das Arbeiten mit bzw. für die Verarbeitung von personenbezogenen Daten feste Regeln, welche sich in ➤ der europäischen Datenschutz-Grundverordnung (DSGVO)sowie ➤ dem Bundesdatenschutzgesetz (BDSG) widerspiegeln.
Datensicherheit	Datensicherheit befasst sich mit der Sicherheit von Daten, unabhängig ob diese personenbezogen sind oder nicht. Die Datensicherheit soll Sicherheitsrisiken minimieren und Maßnahmen gegen Datenverlust, Manipulationen, fremden Zugriffen etc. verhindern. Der Bezug zum Datenschutz ist gegeben, wenn beispielsweise personenbezogene Daten elektronisch verarbeitet werden (§ 64 BDSG).

2 Europäische Datenschutz-Grundverordnung (DSGVO) und Bundesdatenschutzgesetz (BDSG)

Seit dem 25. 05. 2018 gilt die europäische Datenschutz-Grundverordnung (DSGVO). Ziel der DSGVO ist es, eine europaweite Vereinheitlichung des Datenschutzrechts zu erreichen, die Rechte der von der Datenverarbeitung betroffenen Personen zu stärken sowie die Verantwortlichen bei Datenschutzverstößen empfindlich zu treffen. Das Gesetz erlaubt die Verarbeitung von personenbezogenen Daten nur unter bestimmten Voraussetzungen, den sogenannten Erlaubnistatbeständen (siehe hierzu die Art. 13–20 der DSGVO).

QR-Code zur DSGVO

Bereits seit dem Jahr 1977 gibt es in Deutschland das Bundesdatenschutzgesetz (BDSG), welches ständigen Veränderungen unterliegt – schließlich haben sich die Bedürfnisse und die technischen Möglichkeiten in den letzten Jahrzehnten deutlich verändert und verändern sich laufend weiter. Das Bundesdatenschutzgesetz wurde entsprechend der Datenschutz-Grundverordnung überarbeitet bzw. angepasst und ist in der Neufassung zeitgleich mit der DSGVO am 25. 05. 2018 in Kraft getreten. Oberstes Ziel des Datenschutzrechts ist es, den Einzelnen davor zu schützen, dass er durch den Umgang mit seinen personenbezogenen Daten in seinem **Persönlichkeitsrecht** beeinträchtigt wird. Dieses Ziel spiegelt sich auch im Grundgesetz der Bundesrepublik Deutschland, Artikel 2, Abs. 1 wider.

QR-Code zum BDSG

> Jeder hat das Recht auf die freie Entfaltung seiner Persönlichkeit, soweit er nicht die Rechte anderer verletzt und nicht gegen die verfassungsmäßige Ordnung oder das Sittengesetz verstößt.

Der aber wohl wichtigste Meilenstein des Datenschutzes war das sogenannte Volkszählurteil 1983. In diesem Jahr sollte eine Volkszählung durchgeführt werden, bei der es zwangsläufig zu einer Erhebung von persönlichen Daten sowie einem Abgleich dieser gekommen wäre. Gegen dieses Vorgehen wurde erfolgreich Klage eingereicht, sodass seitdem das Grundrecht auf **informelle Selbstbestimmung** besteht. Die Volkszählung konnte somit erst in einer modifizierten Form im Jahre 1987 durchgeführt werden.

Die **informelle Selbstbestimmung** soll jedem Menschen das Recht verleihen, individuell über die Preisgabe und Verwendung seiner persönlichen Daten bestimmen zu können. So liegt es an jedem selbst ein Produkt Online zu kaufen, welches in der Regel mit der Eingabe der Wohnadresse und ggf. Kontodaten verbunden ist, oder sein Produkt in einem Einzelhandelsgeschäft bar zu kaufen – ohne die Angabe irgendwelcher Daten.

Aber auch der informellen Selbstbestimmung sind natürlich Grenzen gesetzt. So sind Einschränkungen dieses Grundrechtes möglich, bedürfen aber einer gesetzlichen Grundlage. Hierfür hat der Gesetzgeber zwischen dem Geheimhaltungsinteresse und dem öffentlichen Informationsinteresse bzw. dem überwiegenden Allgemeininteresse zu entscheiden.

Beispiele:

In Deutschland ist jeder Bürger verpflichtet, seinen Wohnsitz dem jeweiligen Einwohnermeldeamt mitzuteilen (Meldepflicht). Die hierbei erhobenen Daten verwaltet das Einwohnermeldeamt. Die geltenden Bestimmungen zum Datenschutz und zur Datensicherheit müssen eingehalten werden.

Auch öffentliche Stellen müssen sich bei der Verarbeitung von personenbezogenen Daten an die rechtlichen Grundlagen halten. Die DSGVO und das BDSG werden ergänzt durch eine Vielzahl von speziellen Regelungen wie z. B. dem Telekommunikationsgesetz sowie den ggf. vorhandenen Spezifikationen der einzelnen Bundesländer.

3 Personenbezogene Daten

In der folgenden Übersicht sind die personenbezogenen Daten, welche durch den rechtlichen Datenschutz besonders geschützt werden, dargestellt:

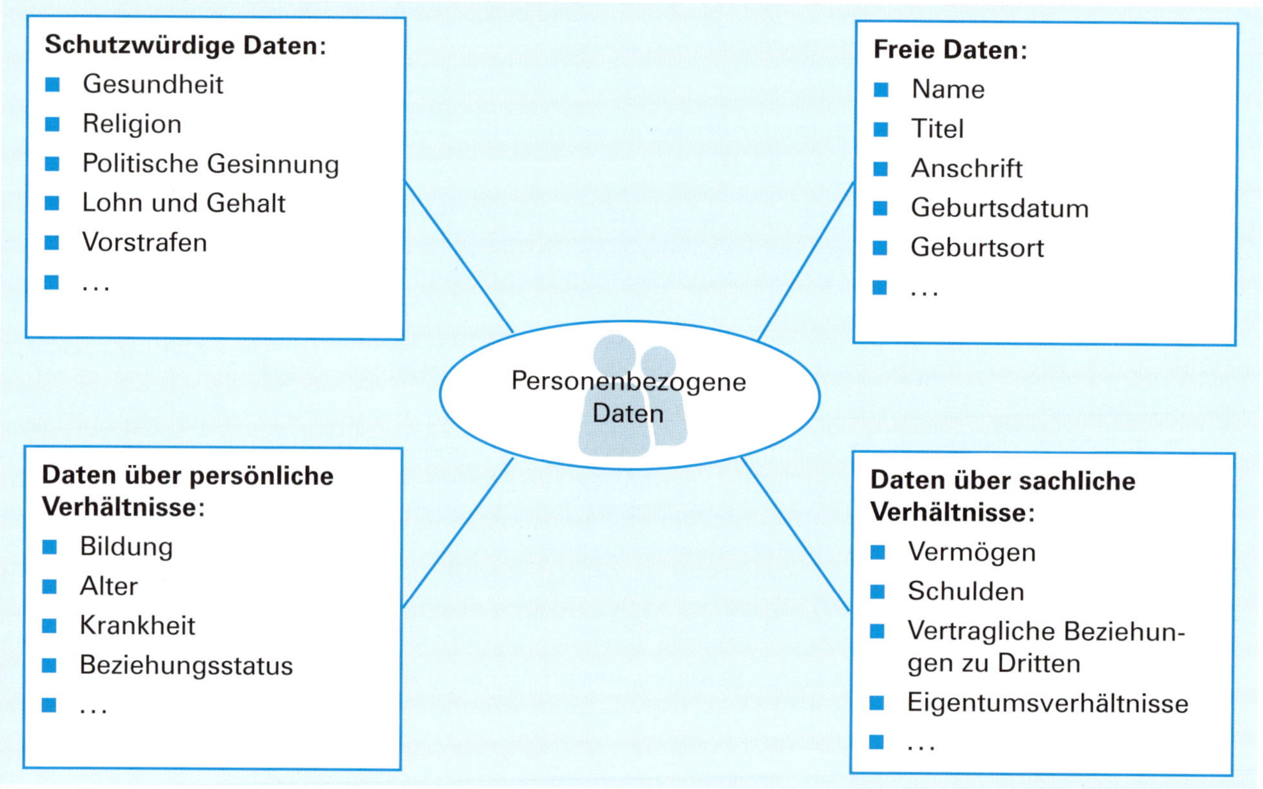

Die Besonderheit dieser personenbezogenen Daten spiegelt sich beispielsweise auch in einem herkömmlichen Vorstellungsgespräch wider. So darf ein Bewerber in einem Bewerbungsgespräch bei einigen Punkten eine Antwort verweigern oder sogar die Unwahrheit sagen.

Bei der automatisierten Verarbeitung der personenbezogenen Daten müssen besondere Sicherheitsmaßnahmen getroffen werden, die geeignet sind:

1. Verwehrung des Zugangs zu Verarbeitungsanlagen, mit denen die Verarbeitung durchgeführt wird, für Unbefugte (Zugangskontrolle),
2. Verhinderung des unbefugten Lesens, Kopierens, Veränderns oder Löschens von Datenträgern (Datenträgerkontrolle),
3. Verhinderung der unbefugten Eingabe von personenbezogenen Daten sowie der unbefugten Kenntnisnahme, Veränderung und Löschung von gespeicherten personenbezogenen Daten (Speicherkontrolle),

4. Verhinderung der Nutzung automatisierter Verarbeitungssysteme mithilfe von Einrichtungen zur Datenübertragung durch Unbefugte (Benutzerkontrolle),
5. Gewährleistung, dass die zur Benutzung eines automatisierten Verarbeitungssystems Berechtigten ausschließlich zu den von ihrer Zugangsberechtigung umfassten personenbezogenen Daten Zugang haben (Zugriffskontrolle),
6. Gewährleistung, dass überprüft und festgestellt werden kann, an welche Stellen personenbezogene Daten mithilfe von Einrichtungen zur Datenübertragung übermittelt oder zur Verfügung gestellt wurden oder werden können (Übertragungskontrolle),
7. Gewährleistung, dass nachträglich überprüft und festgestellt werden kann, welche personenbezogenen Daten zu welcher Zeit und von wem in automatisierte Verarbeitungssysteme eingegeben oder verändert worden sind (Eingabekontrolle),
8. Gewährleistung, dass bei der Übermittlung personenbezogener Daten sowie beim Transport von Datenträgern die Vertraulichkeit und Integrität der Daten geschützt werden (Transportkontrolle),
9. Gewährleistung, dass eingesetzte Systeme im Störungsfall wiederhergestellt werden können (Wiederherstellbarkeit),
10. Gewährleistung, dass alle Funktionen des Systems zur Verfügung stehen und auftretende Fehlfunktionen gemeldet werden (Zuverlässigkeit),
11. Gewährleistung, dass gespeicherte personenbezogene Daten nicht durch Fehlfunktionen des Systems beschädigt werden können (Datenintegrität),
12. Gewährleistung, dass personenbezogene Daten, die im Auftrag verarbeitet werden, nur entsprechend den Weisungen des Auftraggebers verarbeitet werden können (Auftragskontrolle),
13. Gewährleistung, dass personenbezogene Daten gegen Zerstörung oder Verlust geschützt sind (Verfügbarkeitskontrolle),
14. Gewährleistung, dass zu unterschiedlichen Zwecken erhobene personenbezogene Daten getrennt verarbeitet werden können (Trennbarkeit).

Quelle: Auszug aus dem § 64 des Bundesdatenschutzgesetzes.

4 Zugangskontrollen und Verschlüsselungen

Um Daten vor unberechtigtem Zugriff zu schützen, muss im Voraus festgelegt werden, welche Personen Zugang zu welchen Informationen haben sollen. Die zugriffsberechtigten Personen erhalten ein Kennwort. Der Computer liefert die Informationen erst dann, wenn dieses Kennwort in Kombination mit der jeweiligen Benutzerkennung eingegeben wird.

In Access lässt sich eine Datenbank mit einem Kennwort versehen. Hierzu muss eine vorher abgespeicherte Datenbank im Exklusivmodus geöffnet werden.

Anschließend klicken Sie im Menüband auf die Registerkarte Datenbanktools und auf die Schaltfläche „Mit Kennwort verschlüsseln“.

Es lassen sich auch an anderer Stelle Anmeldenamen vergeben:

Beispiel:

Mitarbeiter-Anmeldung bei der Nordwind-Datenbank

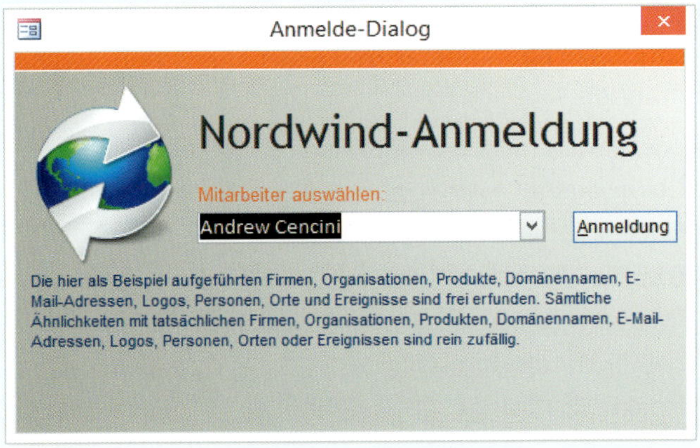

In vielen Fällen können oder müssen Passwörter auch selbst erstellt werden; hierbei sind einige Regeln zu beachten. So sind beispielsweise Passwörter, die den Namen des Freundes, Kindes oder Hundes haben oder Kombinationen mit dem Geburtsdatum erstellt werden, schlecht geeignet. Auch sollte das Passwort nicht z. B. auf einem Zettel unter der Tastatur oder in der Schreibtischschublade liegen. Häufig werden in der Hektik beliebte/einfache Passwörter (1234, asdf etc.) gewählt, welche leicht zu knacken sind. Hat jeder für sich das richtige Passwort gefunden, werden diese Passwörter gerne für sämtliche Zugänge (Computer, E-Mail, Facebook, Chats, Ebay etc.) und über Jahre hinweg verwendet. Bei einem solchen Vorgehen hat ein Verbrecher/Hacker leichtes Spiel.

Der Blick auf die Top Ten der in Deutschland meistgenutzten Passwörter 2018 zeigt: Die Ziffernfolge „123456" belegt erneut den Spitzenplatz. Am beliebtesten sind weiterhin schwache und unsichere Zahlenreihen.

Top Ten deutscher Passwörter				
1. 123456	3. 123456789	5. 12345678	7. hallo	9. passwort
2. 12345	4. [...]	6. hallo123	8. 123	10. master

Quelle: https://hpi.de/pressemitteilungen/2018/die-top-ten-deutscher-passwoerter.html [11.06.2019].

Sie sollten bei der Wahl Ihres Passwortes zusätzlich folgende Punkte beachten:

- Ein Passwort sollte mindestens 10 Zeichen lang sein.
- Es sollten Groß- und Kleinbuchstaben enthalten sein.
- Es sollten Sonderzeichen enthalten sein.
- Es sollten Zahlen/Ziffern enthalten sein.

Denken Sie auch daran, Ihre Passwörter nicht an Dritte weiterzugeben. Auch sollten Sie sich beim Verlassen des Computerarbeitsplatzes an Ihrem PC abmelden, sodass kein Dritter die Daten einsehen kann.

Durch Verschlüsselungsmethoden können Daten auf Speichermedien wie beispielsweise der Festplatte oder einem USB-Stick verschlüsselt werden. Durch diese Verschlüsselung ist ein sicherer Austausch der Daten möglich, da nur die Personen mit der entsprechenden Software und/oder dem entsprechenden Passwort diese Daten entschlüsseln können.

5 Datenschutzbeauftragter

In Betrieben, die personenbezogene Daten automatisch verarbeiten und damit in der Regel mindestens zehn Arbeitnehmer ständig beschäftigen, müssen Datenschutzbeauftragte bestellt werden.

Die Datenschutzbeauftragten haben u. a. die Aufgabe,

- zu unterrichten und zu beraten,
- die Einhaltung der DSGVO und des BDSG zu überwachen,
- mit den Aufsichtsbehörden zusammenzuarbeiten.

6 Datensicherheit

Nichts ist schlimmer als der Verlust von Informationen bzw. Daten. Unter Datensicherheit wird der Schutz vor Datenverlust, Beschädigung, ungewollten Veränderungen oder vollständiger Zerstörung verstanden.

Die Ursachen hierfür sind beispielsweise:

- Stromausfall
- Wasserschaden
- Brände
- Malware (Viren, Trojaner, Würmer etc.)
- Fehler durch den User
- Hacker, Sabotage, Diebstahl etc.

- Naturkatastrophen (Blitz, Feuer, Hochwasser etc.)
- Fehler in der Software.

Daher müssen die Daten nicht nur lokal (auf dem jeweiligen Computer) regelmäßig gespeichert werden, sondern es müssen auch viele weitere Maßnahmen für die Datensicherheit eingesetzt werden.

- Es können technische Maßnahmen ergriffen werden, um die Datensicherheit zu erhöhen bzw. zu gewährleisten:

Ereignis	Technische Maßnahme
Blitzeinschlag	Blitzableiter
Brände/Feuer	Feuermelder & Feuerlöscher
Stromausfall	Notstromaggregate
Diebstahl	Alarmanlagen & Türschlösser
Hochwasser/Wasserschaden	Pumpensysteme & Abstellsysteme

- Es können organisatorische Maßnahmen ergriffen werden, um die Datensicherheit zu erhöhen bzw. zu gewährleisten:

Ereignis	Organisatorische Maßnahme
Fehler durch den Anwender	Fortbildungen
Sabotage	Passwörter
Naturkatastrophen	Rettungsplan für Daten
Datenverlust etc.	Anweisung zu regelmäßigen Backups
Diebstahl	Wachdienst

- Es können Software-Maßnahmen ergriffen werden, um die Datensicherheit zu erhöhen bzw. zu gewährleisten:

Ereignis	Software-Maßnahme
Datendiebstahl	Verschlüsselungen
Viren	Virenscanner
Hacker	Firewall
Datenverlust etc.	Automatische Backups
Fehler in der Software	Automatische Updates

Selbstverständlich können auch Maßnahmen an der Hardware des jeweiligen Computers vorgenommen werden, z. B. in Form von Raid Systemen oder Fingerabdruckscannern.

Daten können mittlerweile auch in sogenannten Clouds (Speicherplatz im Internet) gespeichert werden. Solche Cloudsysteme benötigen besondere Schutzmaßnahmen, um die Datensicherheit zu gewährleisten. Generell besteht für Informationen bzw. Daten eine höhere Gefahr, wenn sich diese auf vernetzten Computern (Intranet und/oder Internet) befinden.

Lernsituation 5: Eine Tabelle erstellen

Die Erstellung der Datenbank durch die EDV-Abteilung des TSV Cuxland geht nur schleppend voran. Auch die Datenbankuser haben immer wieder Probleme beim Umgang mit der neuen Software, so dass die EDV-Abteilung mittlerweile stark überlastet ist. Aus diesem Grund beschließt der Vorstand des Vereins die Mitarbeiter flächendeckend für den Umgang mit Microsoft Access fit zu machen. Angedacht sind spezielle Schulungen je nach Personenkreis. Die Mitarbeiterinnen und Mitarbeiter der EDV-Abteilung sollen so geschult werden, dass sie danach in der Lage sind, die Datenbankuser gezielt zu schulen und zu beraten. Hierfür soll im weiteren Verlauf auch eine eigenständige Service-Hotline im Verein eingerichtet werden.

Der Praktikant Mehmet Atalay hat sich inzwischen für einen Ausbildungsplatz beim TSV Cuxland empfohlen. Er beginnt zum kommenden Jahr eine Ausbildung zum Informatikkaufmann und erhält bereits jetzt schon die Möglichkeit, an der neuen Schulung teilzunehmen. Ganz unvorbereitet möchte er allerdings nicht beim Accesskurs erscheinen und beschließt sich selbstständig vorzubereiten. *„Ob mir das wohl gelingt?“*, fragt sich Mehmet.

INFORMIEREN

siehe S. 69 ff.

Bearbeiten Sie die Lernsituation mithilfe der Aufzeichnungen aus dem Unterricht oder den passenden Informationen im Anhang der Lernsituation.

PLANEN

Mehmet möchte mithilfe von Access eine einfache Mitgliedertabelle erstellen.

1. Sammeln Sie im ersten Schritt alle möglichen Felddatentypen von Access und beschreiben Sie kurz deren Einsatzmöglichkeiten.

Felddatentyp	Einsatzbereich/Erklärung

Entscheiden

2. Entscheiden Sie, welche Feldnamen (Attribute) für Ihre Mitgliedertabelle benötigt werden. Ordnen Sie anschließend Ihrem Feldnamen passende Felddatentypen zu. Überlegen Sie, bei welchen Felddatentypen die Feldeigenschaften verändert werden sollten. Begrenzen Sie Ihre Auswahl auf maximal acht sinnvolle Feldnamen (Attribute).

Feldname	Felddatentyp	Feldeigenschaften (Begründung)

9 Salih - ISBN 978-3-8120-1571-4

Durchführen

3. Erstellen Sie anhand Ihrer Vorplanungen die Mitgliedertabelle in Access. Achten Sie dabei auf die richtige Übernahme der Feldnamen, Felddatentypen und Feldeigenschaften.
   - Geben Sie anschließend 5 passende Datensätze ein.
   - Speichern Sie Ihre Datenbank/Tabelle unter einem passenden Namen ab.

Kontrollieren, Festigen und Bewerten

4. Erstellen Sie für den Cuxhavener City-Marathon eine passende Auswertungstabelle in Access. In der Tabelle sollen alle Anmeldedaten der Teilnehmer bereits vorhanden sein. Später müssen so nur noch die Laufzeiten per Hand eingetragen werden.
   - Lassen Sie anschließend mind. 5 fiktive Datensätze von einer anderen Person eingeben. Bitten Sie die Person um ein Feedback zu Ihrer Tabelle.
   - Korrigieren und ergänzen Sie Ihre Tabelle (Feldnamen, Felddatentypen und Feldeigenschaften) gegebenenfalls.

Aufgabensammlung

siehe S. 69 f.

1. Beschriften Sie die Datenblattansicht von Access.

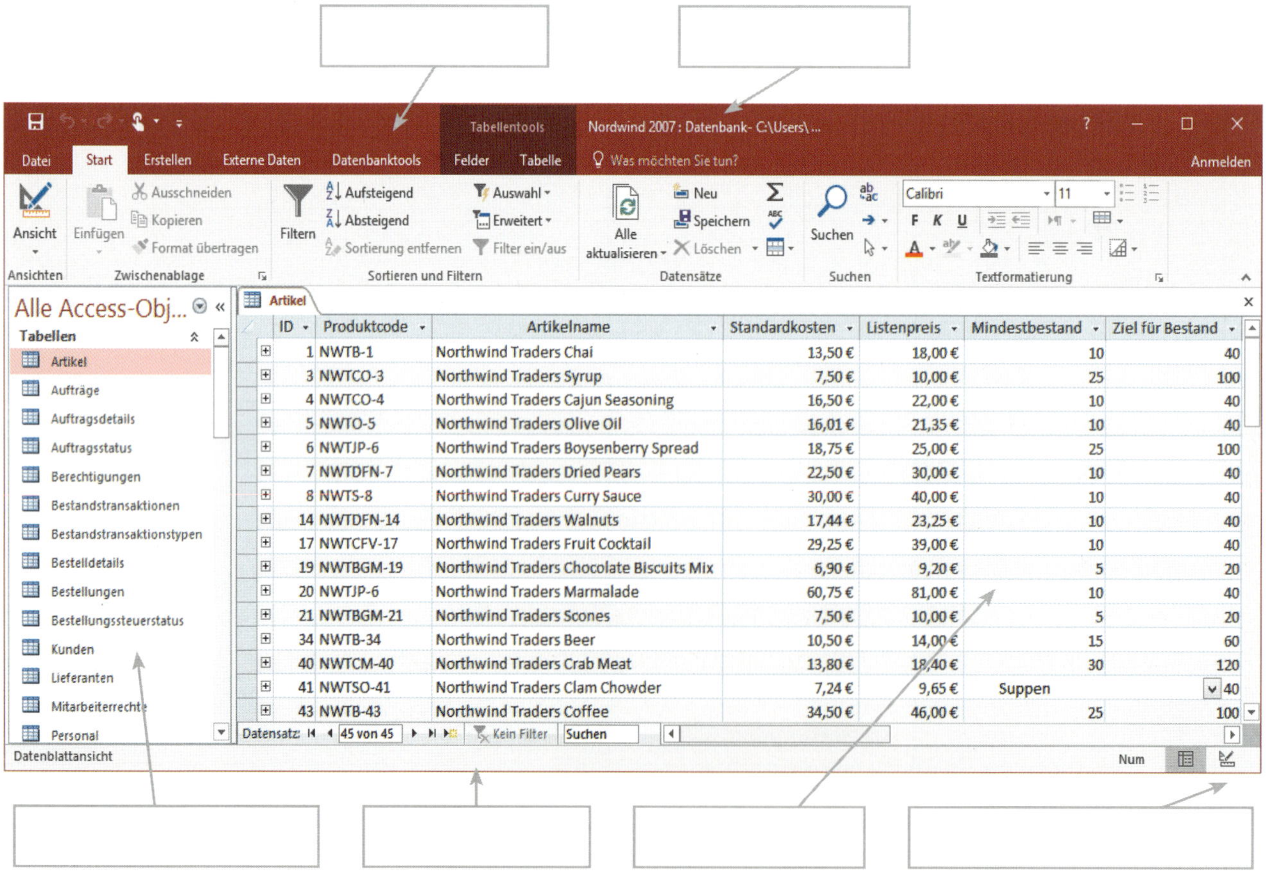

2. Die folgende Kundentabelle soll in Access übernommen werden. Überlegen Sie im ersten Schritt, welche Felddatentypen Sie für die jeweiligen Feldnamen in Access einstellen müssen und übernehmen Sie anschließend die Tabelle in Access.

siehe S. 76 ff.

Kdnr	Name	Vorname	Straße + Hausnummer	Ort	PLZ	Telefon
1	Sarpei	Hannes	Bande 13	Leverkusen	31231	(04321)341234
2	Rainaldo	Rainer	Pfauenweg 11	Bremen	26432	(91238)432412
3	Heinz	Kurt	Friedrich-Carl-Str. 9	Aurich	41231	(12342)34234234

Feldname	Felddatentyp

3. Erklären Sie den Unterschied zwischen Feldnamen und Felddatentypen.

4. Erklären Sie, welche Vorteile die Reduzierung der Feldlänge bei den Feldeigenschaften des Felddatentyps Text hat.

siehe S. 78 f.

siehe S. 80 f.

5. Beschreiben Sie, welche Felddatentypen sich besonders für die Erstellung von Schlüsseln in Access eignen.

Checkliste

Nr.	Ich kann …	Gecheckt! ✔
1	… den Unterschied zwischen Feldnamen und Felddatentypen erklären.	
2	… die Felddatentypen sowie die Feldeigenschaften in Access einstellen.	
3	… eine einfache Datenbank mit einer Tabelle in Access erstellen.	
4	… einen Primärschlüssel in Access vergeben.	
5	… Informationen/Daten in eine Tabelle von Access eingeben.	
6	… innerhalb einer Tabelle von Access navigieren.	

Informationen zum Lösen der Lernsituation 5 und der dazugehörigen Aufgabensammlung

1 Access unter Windows starten

Microsoft Access kann überall dort gestartet werden, wo eine lokale Verknüpfung mit diesem Programm besteht. In der Regel wird beim Installieren der Software unter Windows der folgende Pfad automatisch gewählt: **Start/Alle Programme/Microsoft Office/Microsoft Office Access.**

Selbstverständlich lässt sich auch ohne Probleme z. B. eine Verknüpfung auf dem Desktop erstellen. Sollten bereits Datenbankdateien auf dem Computer bestehen, können diese durch z. B. „Doppelklick“ geöffnet werden. Ältere Microsoft Access Dateien haben die Dateiendung *mdb, während neuere auf *accdb enden.

Hinweis: Sollten die Dateiendungen unter Windows nicht angezeigt werden, können Sie die Dateierweiterungen manuell einstellen. Alternativ haben Sie die Möglichkeit, sich an den Dateisymbolen (Icons) zu orientieren.

1.1 Aufbau des Bildschirmfensters von Access

Mit dem Start von MS Access erscheint das erste Programmfenster, es ist folgendermaßen aufgebaut:

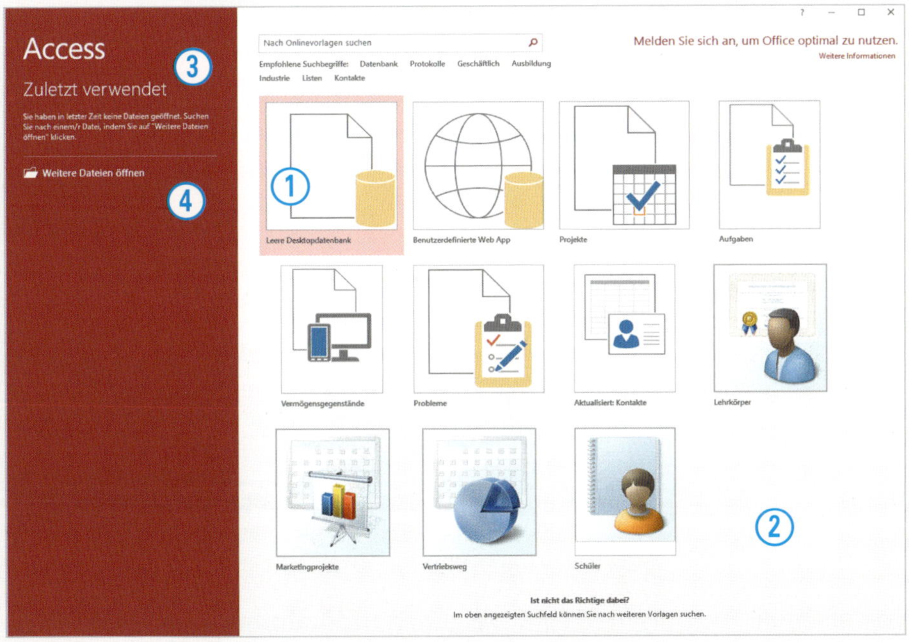

(1) Leere Datenbank

Durch einen einfachen Mausklick auf dieses Icon bekommt der Anwender die Möglichkeit, eine eigene Datenbank zu erstellen.

Hinweis: Der Benutzer wird anschließend aufgefordert, seiner Datenbank einen Dateinamen zu geben.

(2) Vorlagen

Dem Benutzer steht ebenfalls eine Reihe von Vorlagen zur Verfügung. Diese können dem Anwender einen leichteren und schnelleren Start ermöglichen, sodass beispielsweise ein Grundgerüst einer einfachen Datenbank zur Verfügung steht, welches bei Bedarf ergänzt oder abgeändert werden kann.

Darüber hinaus kann Online direkt aus Access heraus nach weiteren Vorlagen gesucht werden.

(3) Zuletzt verwendete Datenbank öffnen

In diesem Bereich werden die zuletzt verwendeten und abgespeicherten Datenbanken angezeigt. Diese können per einfachen Mausklick geöffnet werden.

(4) Weitere Dateien öffnen

Es lassen sich auch weitere Datenbankdateien öffnen, die sich z. B. auf einem anderen Laufwerk oder in einer Cloud befinden.

1.2 Die Datenbankansicht

Haben Sie sich dafür entschieden mit einer leeren Datenbank zu beginnen, erscheint folgendes Programmfenster:

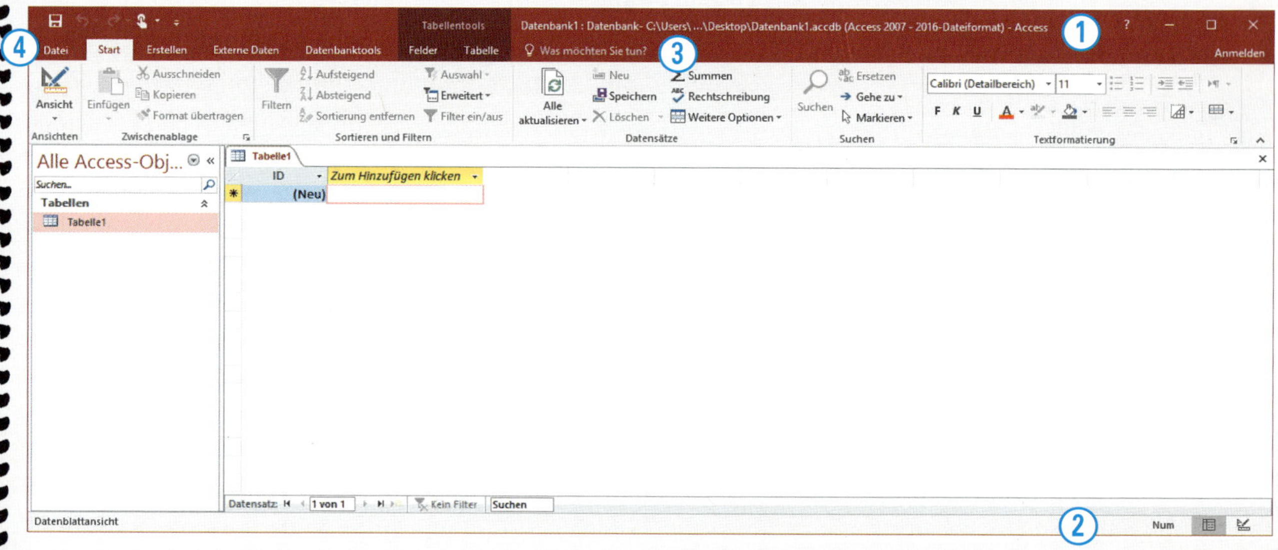

Hinweis: Seit der Programmversion Access 2016 wird automatisch die Datenblattansicht gestartet.

(1) Titelleiste

Access arbeitet wie jedes Microsoft Office Programm in einem eigenen Programmfenster. In der Titelleiste des Fensters wird der jeweilige Titel der benutzten Software angezeigt, hier Microsoft Access. Zusätzlich werden der Speicherort sowie der Speichername der Datenbank wiedergegeben.

(2) Statuszeile

Am unteren Bildschirmrand erscheint die Statuszeile. Ein Blick auf diesen Teil des Bildschirms kann bei eventuellen Schwierigkeiten beim Umgang mit der Software hilfreich sein. Im linken Bereich werden beim Arbeiten mit Access die jeweiligen Ansichten und/oder auch zusätzliche Informationen angezeigt. Rechts steht z. B., welche Feststelltasten aktiv sind.

(3) Menüband

Das Menüband vereint diverse Menüs und Symbolleisten. Es soll helfen, die für eine Aufgabe notwendigen Befehle zu finden. Die Befehle sind als logische Gruppen strukturiert, die unter einzelnen Registerkarten zusammengefasst sind. Es werden immer nur die Karten angezeigt, die für die momentan durchgeführte Aufgabe sinnvoll sind. Die Karten bieten den direkten Zugriff auf die notwendigen Befehle, wie z. B. hier in der Datenblattansicht.

So sieht es dann aus, wenn Sie z. B. gerade den Register-Punkt „Erstellen" aus der Datenbankansicht angeklickt haben.

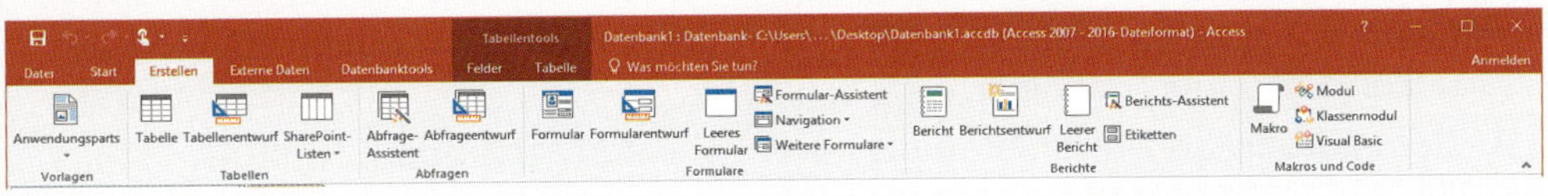

Über entsprechende Auswahlpfeile können sogenannte Drop-Down-Menüs aufgerufen werden. Rechts sehen Sie z. B. das Drop-Down-Menü, um sich SharePoint-Listen anzeigen zu lassen. Wenn Sie ein solches Menü aus Versehen aufgerufen haben, können Sie es jederzeit durch Drücken der ESC-Taste oder Klicken, z. B. in den Arbeitsbereich, verlassen. Auch andere Operationen lassen sich oftmals durch wiederholtes Drücken der ESC-Taste beenden bzw. abbrechen.

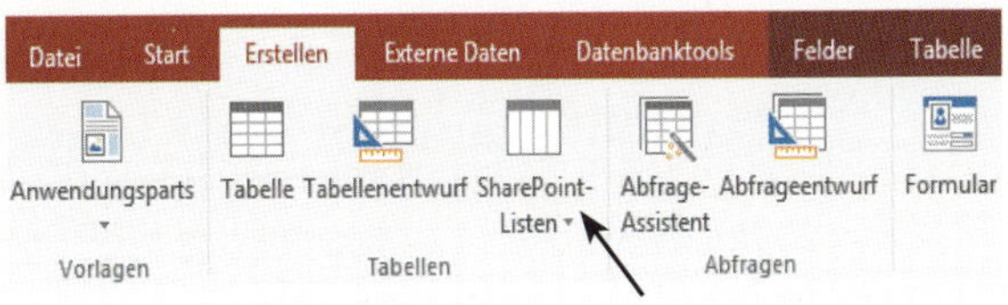

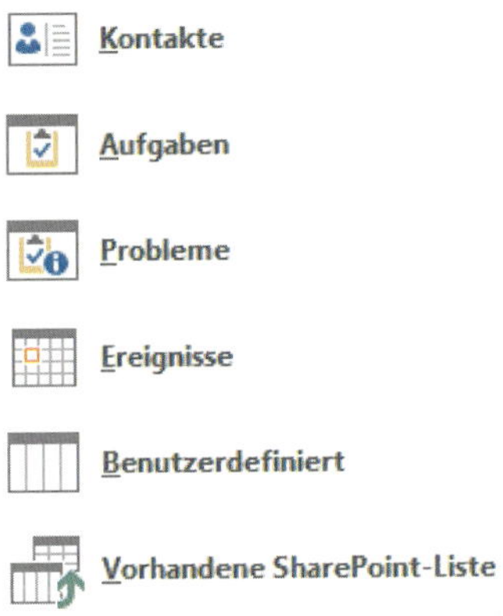

(4) Datei

Der Registerpunkt Datei hat eine übergeordnete Rolle. Beim Klick auf diesen Menüpunkt erscheint eine völlig neue Ansicht.

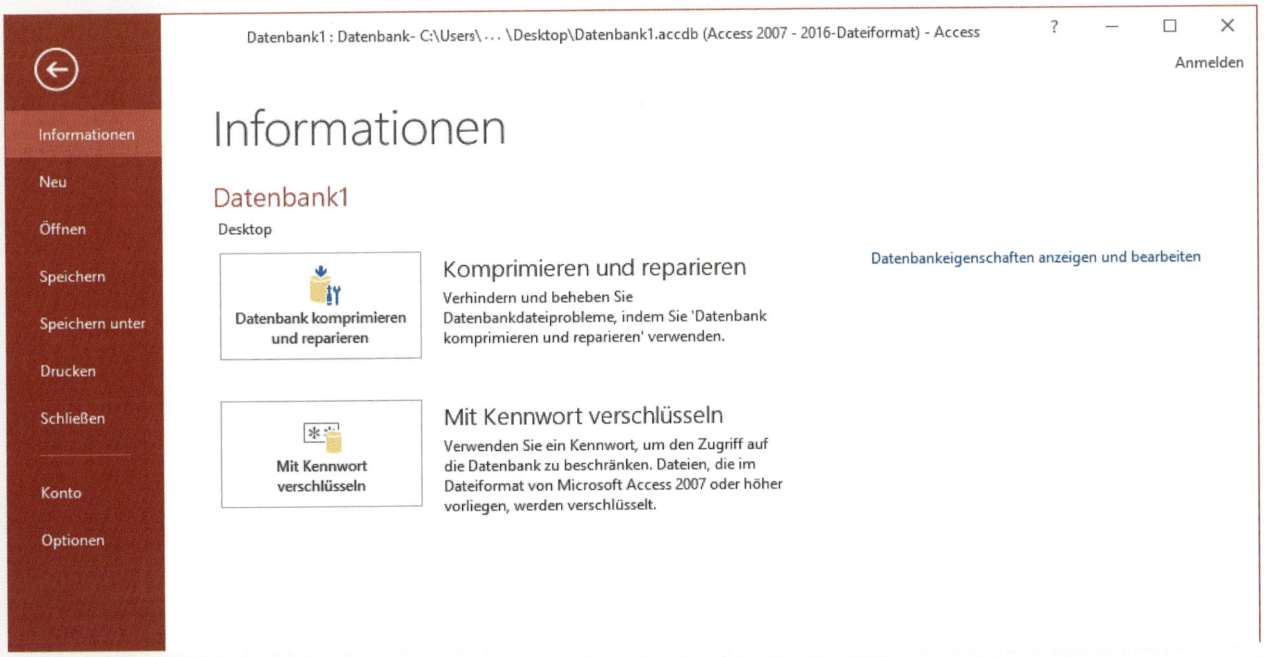

Es lassen sich u. a. folgende Punkte bearbeiten:

- Informationen (Komprimieren und reparieren sowie verschlüsseln der Datenbank)
- Neu (Für das Erstellen einer neuen Datenbank)
- Öffnen (Für das Öffnen einer bereits erstellten Datenbank)
- Speichern und Speichern unter (Für das Speichern einer Datenbank)
- Drucken (Für das Ausdrucken z. B. einer Tabelle)
- Schließen (Zur alten Ansicht zurückkehren/funktioniert auch über den Pfeil oben links)
- Konto (Um z. B. den Benutzer zu ändern)
- Optionen (Um z. B. Grundeinstellungen vorzunehmen)

1.3 Die Datenblattansicht

Haben Sie sich dazu entschieden, eine neue Datenbank zu entwickeln und dieser eine erste Tabelle hinzuzufügen, klicken Sie auf den Registerpunkt „Erstellen“ und anschließend beispielsweise auf „Tabelle“. Es erscheint das eigentliche Bildschirmfenster, die Datenblattansicht, welches für die Erstellung bzw. die Nutzung der Datenbank benötigt wird. In der Datenblattansicht geben Sie die späteren Daten bzw. Informationen ein:

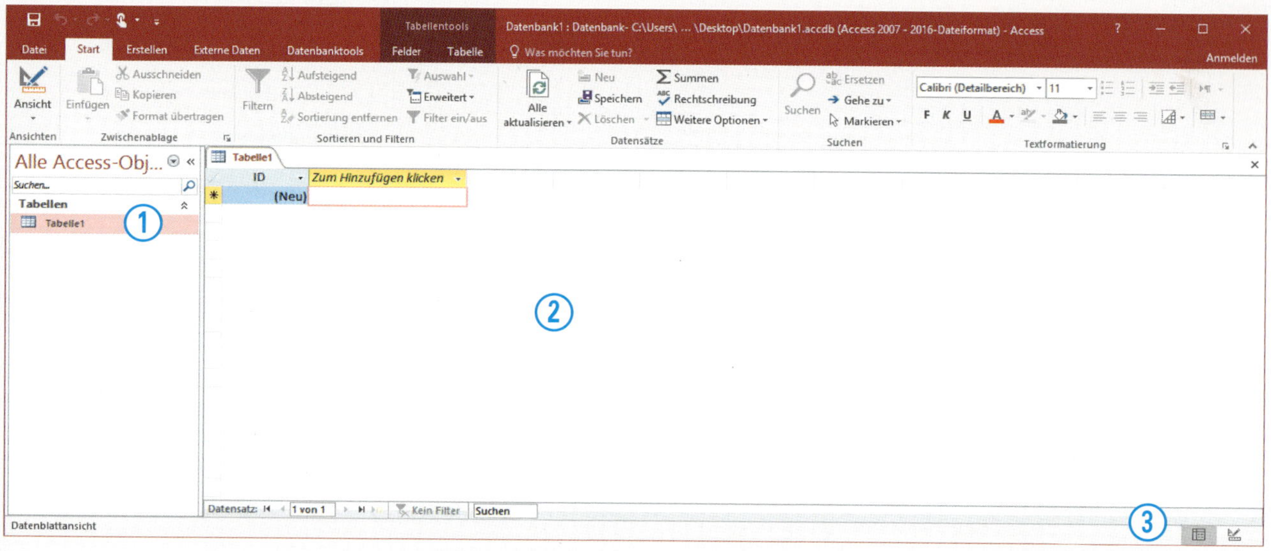

(1) Navigationsbereich mit Datenbankobjekten

In diesem Bereich sind alle bereits erstellten und abgespeicherten Datenbankobjekte zu sehen und jederzeit aufrufbar. Die wichtigsten vier Datenbankobjekte für den Standardanwender sind Tabellen, Abfragen, Formulare und Berichte. Sollte diese Ansicht nicht standardmäßig erscheinen, haben Sie die Möglichkeit, sich diese über das Drop-Down-Menü, wie im Beispiel rechts komplett oder einzeln, z. B. nur als Tabellen, anzeigen zu lassen.

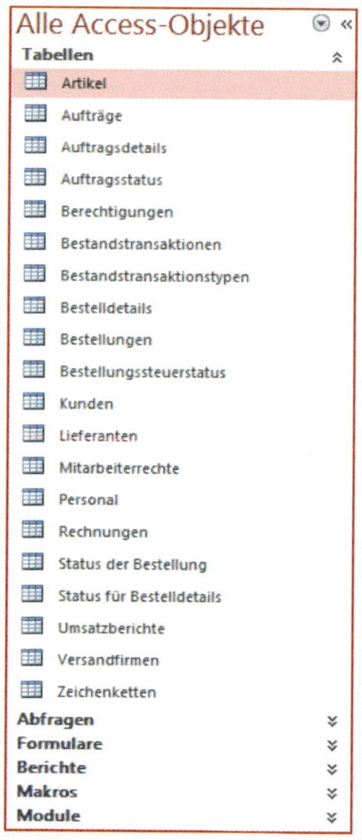

(2) Tabelle

Die Tabelle ähnelt in ihrem Aussehen und der Handhabung sehr stark Microsoft Excel. Hier haben Sie u.a. die Möglichkeit nach dem Erstellen der Datenbank die Daten einzugeben und zu formatieren. Es lassen sich sogar die Spaltenköpfe umbenennen.

(3) Ansichtsschaltflächen

Bei Access sind zwei Ansichten von besonderer Bedeutung, die Datenblattansicht, in welche, wie bereits beschrieben, die Daten eingegeben werden und die Entwurfsansicht. Um zwischen diesen beiden Ansichten hin und her zu schalten, können Sie z. B. auf die Ansichtsschaltflächen klicken.

1.4 Die Entwurfsansicht

Wenn Sie von der Datenblattansicht in die Entwurfsansicht wechseln, erscheint ein ganz neues Bildschirmfenster. Dieses Bildschirmfenster hat nun mit Excel keine großen Gemeinsamkeiten mehr. In dieser Ansicht werden die grundlegenden Einstellungen für die Tabelle vorgenommen. Beispielsweise kann hier festgelegt werden, dass später in der Datenblattansicht in dem Datenfeld PLZ nur Zahlen eingegeben werden können.

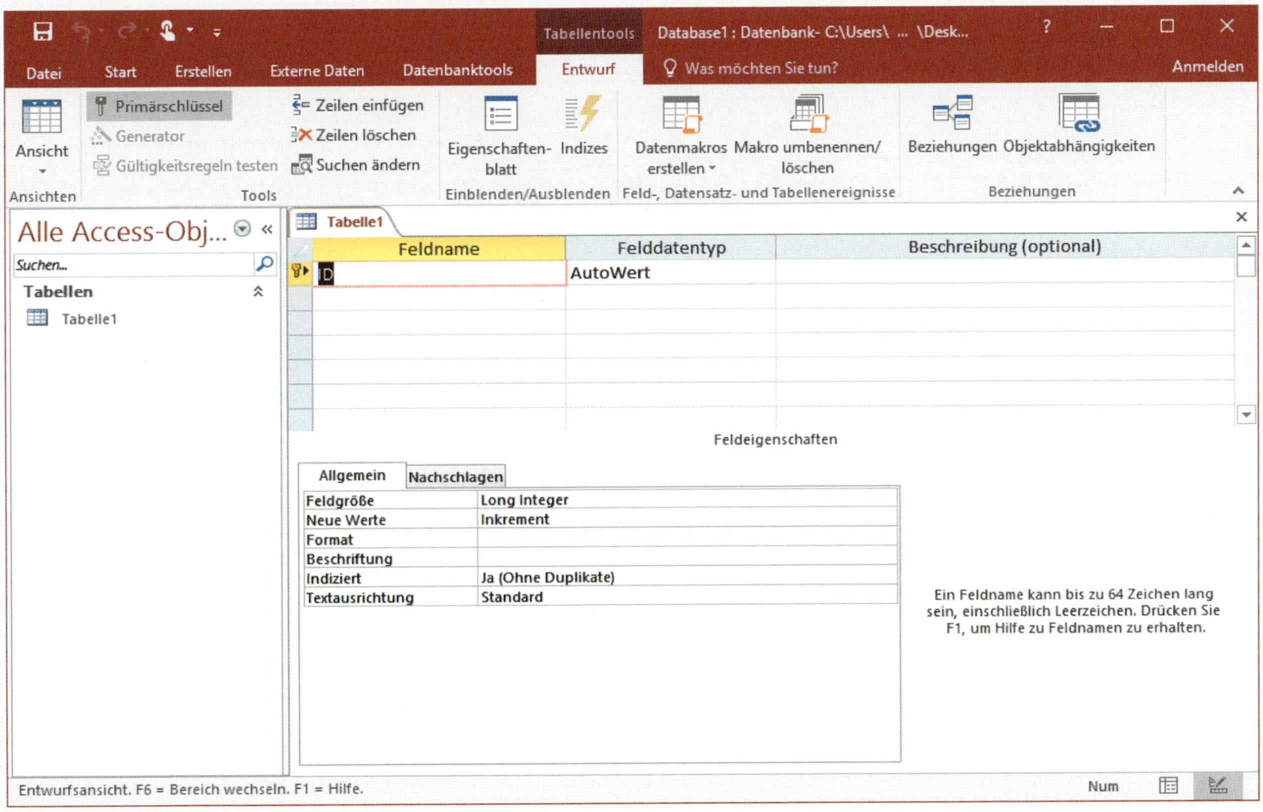

1.5 Kontextmenüs

Oft ist das Kontextmenü hilfreich, da es Ihnen zur jeweiligen Situation passende Befehle zur Verfügung stellt. Die Art der Zusammenstellung der Befehle ist davon abhängig, welche Operation Sie in MS Access gerade durchführen oder durchführen möchten.

10 Salih - ISBN 978-3-8120-1571-4

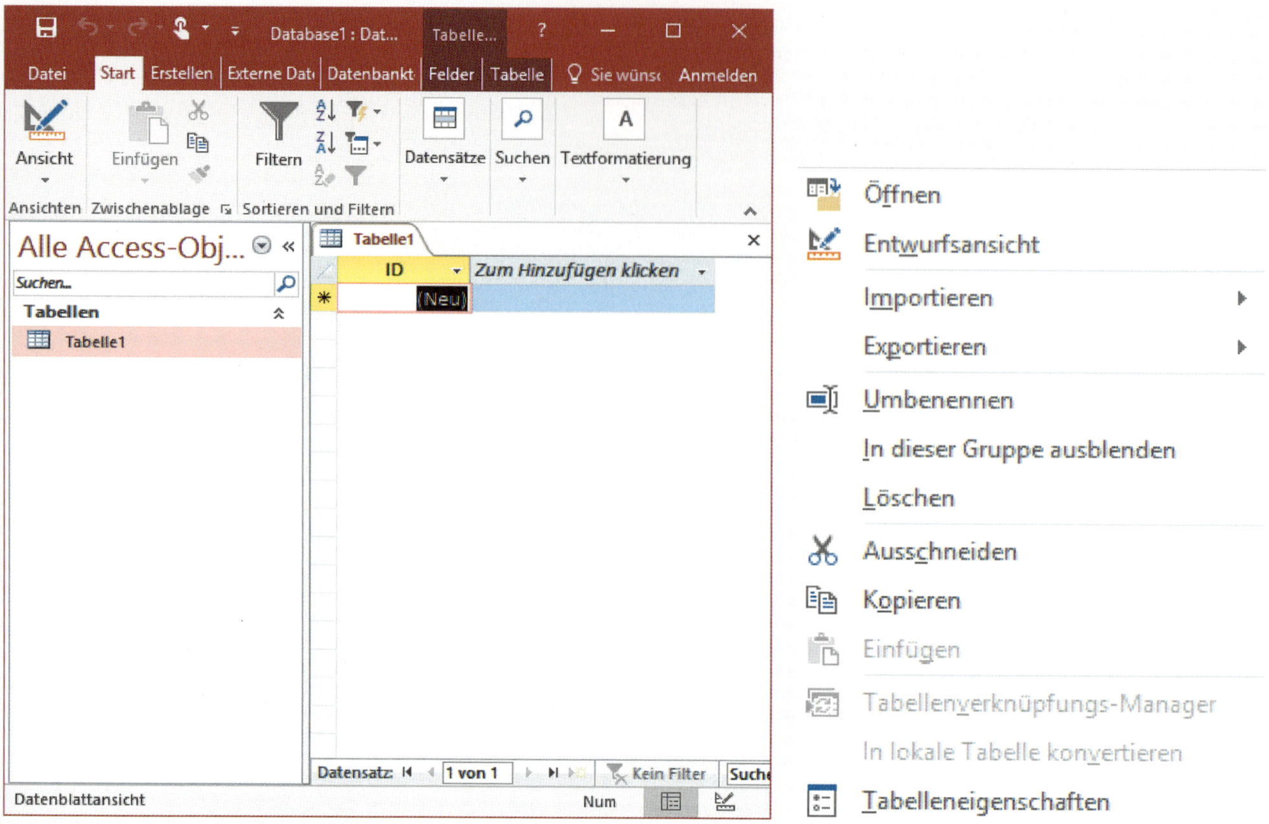

Zeigen Sie mit der Maus auf ein Element (z. B. Tabelle1) und klicken Sie mit der **rechten** Maustaste. Das Kontextmenü öffnet sich.

Klicken Sie irgendwo anders hin (natürlich mit der linken Maustaste), schließt sich das Kontextmenü wieder.

2 Grundlegende Fertigkeiten im Umgang mit Access

Im folgenden Abschnitt werden einzelne Elemente von Microsoft Access vorgestellt, welche es ermöglichen, eine einfache Datenbank zu erstellen sowie mit einer Datenbank zu arbeiten. Die verwendeten Beispiele beruhen in der Regel auf der Nordwind-Datenbank, die als Vorlage bei Microsoft Access enthalten ist, und kostenlos verwendet werden darf.

2.1 Tabellen in Access erstellen

Die Grundlage jeder Datenbank sind Tabellen. Im Idealfall besteht eine Datenbank aus mehreren Tabellen, die miteinander in Relation (Beziehung) stehen. Der Aufbau der Tabellen in Microsoft Access ist im Großen und Ganzen identisch mit den Tabellen einer Tabellenkalkulationssoftware wie Microsoft Excel. Sie bestehen aus Spalten und Zeilen. Die folgende Datenblattansicht zeigt einen Auszug der Kundentabelle der Nordwind-Datenbank.

Kunden

ID	Firma	Nachname	Vorname	Position	Faxnummer	Straße	Ort	Bundesland	PLZ
1	Firma A	Bedecs	Anna	Inhaberin	(123)555-0101	123 1st Street	Seattle	WA	99999
2	Firma B	Gratacos Solso	Antonio	Inhaber	(123)555-0101	123 2nd Street	Boston	MA	99999
3	Firma C	Axen	Thomas	Einkaufsmitarbeiter	(123)555-0101	123 3rd Street	Los Angeles	CA	99999
4	Firma D	Lee	Christina	Einkaufsmanagerin	(123)555-0101	123 4th Street	New York	NY	99999
5	Firma E	O'Donnell	Martin	Inhaber	(123)555-0101	123 5th Street	Minneapolis	MN	99999
6	Firma F	Pérez-Olaeta	Francisco	Einkaufsmanager	(123)555-0101	123 6th Street	Milwaukee	WI	99999
7	Firma G	Xie	Ming-Yang	Inhaber	(123)555-0101	123 7th Street	Boise	ID	99999
8	Firma H	Andersen	Elizabeth	Einkaufsmitarbeiter	(123)555-0101	123 8th Street	Portland	OR	99999
9	Firma I	Mortensen	Sven	Einkaufsmanager	(123)555-0101	123 9th Street	Salt Lake City	UT	99999
10	Firma J	Wacker	Roland	Einkaufsmanager	(123)555-0101	123 10th Street	Chicago	IL	99999

In dieser Ansicht der Tabelle werden die Daten (Informationen) eingegeben. Die Dateneingabe erfolgt immer am Ende einer Tabelle. Das Datenfeld, in dem sich der Cursor befindet bzw. die Maus geklickt hat, ist mit einem farbigen Rahmen umrandet. Es besteht nun die Möglichkeit, beispielsweise eine weitere Firma hinzuzufügen sowie die Spaltenköpfe zu verändern oder neu zu beschriften. Hierfür genügt ein einfacher Doppelklick auf den jeweiligen Spaltenkopf.

Kunden

ID	Firma	Nachname	Vorname	Position	Faxnummer	Straße
16	Firma P	Goldschmidt	Daniel	Einkaufsmitarbeiter	(123)555-0101	456 16th Street
17	Firma Q	Bagel	Jean Philippe	Inhaber	(123)555-0101	456 17th Street
18	Firma R	Autier Miconi	Catherine	Einkaufsmitarbeiter	(123)555-0101	456 18th Street
19	Firma S	Eggerer	Alexander	Assistent der Buchhaltu	(123)555-0101	789 19th Street
20	Firma T	Li	George	Einkaufsmanager	(123)555-0101	789 20th Street
21	Firma U	Tham	Bernard	Buchhaltungsmanager	(123)555-0101	789 21th Street
22	Firma V	Ramos	Luciana	Einkaufsassistentin	(123)555-0101	789 22th Street
23	Firma W	Entin	Michael	Einkaufsmanager	(123)555-0101	789 23th Street
24	Firma X	Hasselberg	Jonas	Inhaber	(123)555-0101	789 24th Street
25	Firma Y	Rodman	John	Einkaufsmanager	(123)555-0101	789 25th Street
26	Firma Z	Liu	Run	Assistent der Buchhaltu	(123)555-0101	789 26th Street
27	Firma AA	Toh	Karen	Einkaufsmanagerin	(123)555-0101	789 27th Street
28	Firma BB	Raghav	Amritansh	Einkaufsmanager	(123)555-0101	789 28th Street
29	Firma CC	Lee	Soo Jung	Manager Einkauf	(123)555-0101	789 29th Street
* (Neu)						

Das Navigieren innerhalb der Datenblattansicht kann mithilfe der Maus oder den Pfeiltasten der Tastatur erfolgen. Um den passenden Datensatz auszuwählen oder einen neuen Datensatz hinzuzufügen, kann auch die folgende Navigationsleiste verwendet werden, welche sich am Ende der Tabelle befindet.

Diese Leiste eignet sich auch zum Navigieren innerhalb von Formularen und Abfragen.

Die Symbole stehen für folgende Funktionen:

Einen Datensatz weitergehen bzw. analog dazu einen Datensatz zurückgehen: 

Zum letzten Datensatz springen, analog dazu zurück zum ersten Datensatz: 

Einen neuen Datensatz am Ende der Tabelle hinzufügen: 

Die erste Zahl gibt an, in welchem Datensatz wir uns zurzeit befinden und die zweite Zahl die aktuelle Anzahl der Datensätze innerhalb der Tabelle. Durch einfachen Mausklick in diesen Bereich und durch die Eingabe einer Zahl können wir zu einem gewünschten Datensatz gelangen.

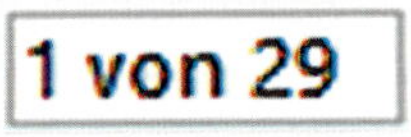

Eine solche Tabelle lässt sich ohne Probleme auch mit Microsoft Excel erstellen. Somit muss eine Datenbanksoftware wie Microsoft Access mehr bieten. Der Unterschied zwischen Excel und Access liegt in der sogenannten Entwurfsansicht. Hier lassen sich gezielte Einstellungen für die Tabelle vornehmen. Der Wechsel zwischen Datenblattansicht und Entwurfsansicht erfolgt z. B. über die Ansichtsschaltflächen. Diese befinden sich am unteren rechten Ende des Bildschirmfensters in der Statuszeile.

Durch einfachen Mausklick auf das Icon  gelangen wir in die Entwurfsansicht. In diesem Beispiel ist es die passende Entwurfsansicht zur Kundentabelle der Nordwind-Datenbank.

Kunden

Feldname	Felddatentyp	Beschreibung (optional)
ID	AutoWert	
Firma	Kurzer Text	
Nachname	Kurzer Text	
Vorname	Kurzer Text	
Position	Kurzer Text	
Telefon (geschäftlich)	Kurzer Text	
Faxnummer	Kurzer Text	
Straße	Langer Text	
Ort	Kurzer Text	
Bundesland/Kanton	Kurzer Text	
PLZ	Kurzer Text	

Feldeigenschaften

Allgemein | Nachschlagen

Feldgröße	Long Integer
Neue Werte	Inkrement
Format	
Beschriftung	
Indiziert	Ja (Ohne Duplikate)
Textausrichtung	Standard

Ein Feldname kann bis zu 64 Zeichen lang sein, einschließlich Leerzeichen. Drücken Sie F1, um Hilfe zu Feldnamen zu erhalten.

In der Entwurfsansicht lassen sich folgende Punkte einstellen bzw. bearbeiten:

2.1.1 Den Feldnamen festlegen

Der Feldname ist gleichzusetzen mit den Attributen und bildet die späteren Spaltenköpfe. Die Feldnamen können je nach Situation frei gewählt, bearbeitet und verändert werden. Hierzu reicht ein einfacher Mausklick in die entsprechende Zeile der Entwurfsansicht.

Kunden

Feldname
ID
Firma
Nachname
Vorname
Position
Telefon (geschäftlich)
Faxnummer
Straße
Ort
Bundesland/Kanton
PLZ

Analog zur Entwurfsansicht würden die Spaltenköpfe wie folgt durch die Vergabe der Feldnamen beschriftet werden:

Kunden

ID	Firma	Nachname	Vorname	Position	Faxnummer	Straße	Ort	Bundesland	PLZ
1	Firma A	Bedecs	Anna	Inhaberin	(123)555-0101	123 1st Street	Seattle	WA	99999

2.1.2 Den Felddatentyp auswählen

Jedem Feldnamen muss ein passender Felddatentyp zugewiesen werden. Hierfür stehen Ihnen bei Access verschiedene Datentypen zur Verfügung. Die Festlegung eines Datentyps hat Konsequenzen für das jeweilige Datenfeld (den Feldnamen).

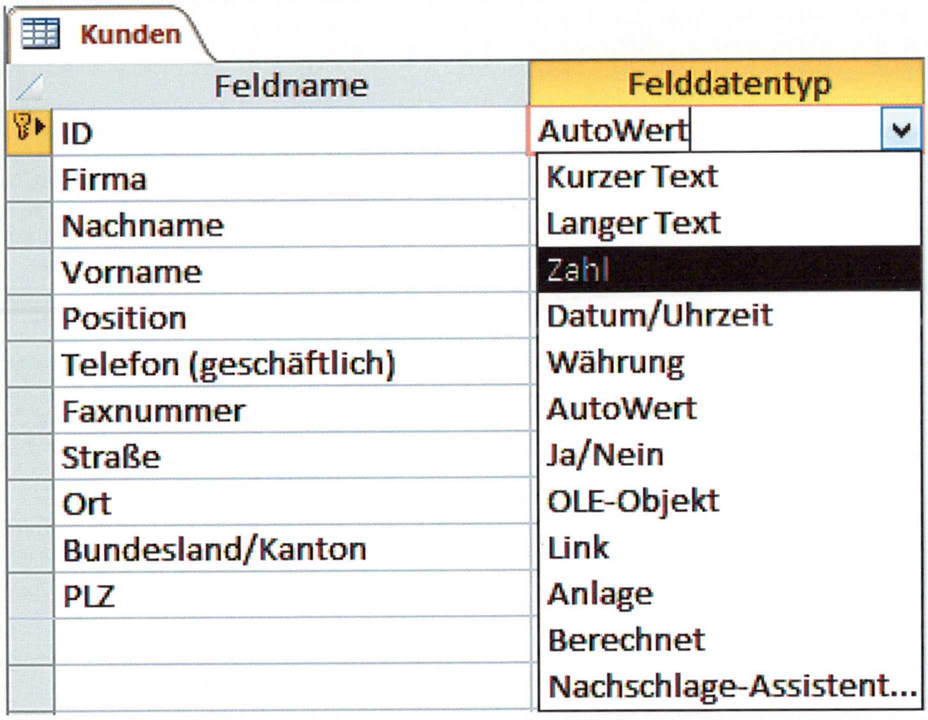

Wird beispielsweise der Felddatentyp Zahl ausgewählt, so können später bei der Dateneingabe in der Datenblattansicht auch nur Zahlen in dieses Datenfeld eingegeben werden. Jeder Datentyp reserviert auch eine Kapazität an Speicherplatz. Beim Datentyp Zahl wären es 8 Byte.

Die folgende Übersicht stellt die wichtigsten Felddatentypen von Access genauer vor:

Felddatentyp	Wofür?	Speicherkapazität
Kurzer Text (Text)	Für die Eingabe von Text. Es können auch Zeichen eingegeben werden und Zahlen.	max. 255 Zeichen (1 Zeichen = 1Bit) (8 Bit = 1Byte)
Langer Text (Memo)	Für längere Notizen wie z. B. Produktbeschreibungen.	max. 65.535 Zeichen
Zahl	Für die Eingabe von Zahlen. Hier können dann auch nur Zahlen eingegeben werden.	max. 12 Byte
Datum/Uhrzeit	Für die Eingabe eines Datum- oder Uhrzeitformats.	8 Byte
Währung	Identisch mit dem Datentyp Zahl, nur mit einer entsprechenden Formatierung für die Währung.	8 Byte
AutoWert	Der Wert (Zahl) wird automatisch festgelegt und immer um 1 erhöht.	4 Byte
Ja/Nein	Für die Eingabe von Wahrheitswerten, z. B. richtig oder falsch, ja oder nein.	1 Bit
OLE-Objekt	Für die Speicherung von Daten, z. B. Bildern und Sounds, innerhalb einer Tabelle.	max. 1 Gigabyte
Link	Einfügen eines Links.	max. 8192 Byte
Anlage	Für die Speicherung von Anlagen, wie z. B. Bildern und Dokumenten direkt in einem Datenfeld.	max. 2 Gigabyte
Berechnet	Das Ergebnis einer Berechnung aus verschiedenen Feldern.	max. 12 Byte
Nachschlage-Assistent	Es kann eine Liste erstellt werden. Aus dieser können später Werte ausgewählt werden, z. B. T-Shirt-Größen S, M oder L.	4 Byte

2.1.3 Die Feldeigenschaften bestimmen

Die Felddatentypen lassen sich genauer spezifizieren. Hierzu können zu jedem Felddatentyp die entsprechenden Feldeigenschaften eingestellt werden. Nehmen wir an, wir möchten die Feldeigenschaften für den Felddatentyp „Kurzer Text“ beim Feldnamen Firma genauer bearbeiten, so müssten wir lediglich per einfachen Mausklick den entsprechenden Feldnamen oder den danebenstehenden Felddatentyp anklicken.

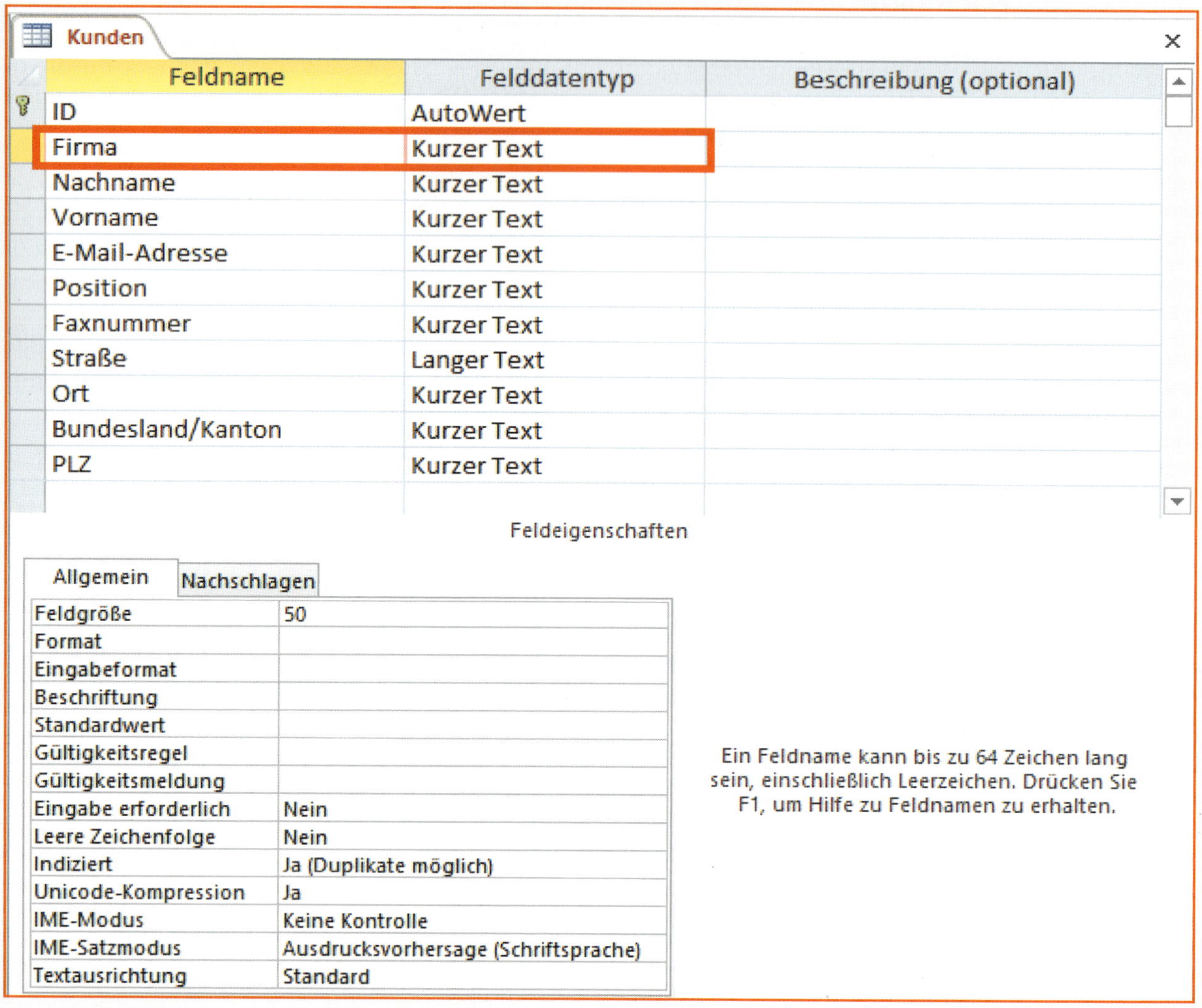

Anschließend besteht die Möglichkeit, im unteren Bereich des Bildschirmfensters die Feldeigenschaften für den Felddatentyp „Kurzer Text“ genauer zu bestimmen. Es wird allerdings keine generelle Einstellung für alle Felddatentypen „Kurzer Text“ vorgenommen, sondern nur für den gerade angeklickten. Beim kurzen Text kann beispielsweise die Feldgröße erhöht oder verringert werden. Im obigen Beispiel steht die Feldgröße auf 50. Dies hat zur Folge, dass maximal 50 Zeichen eingegeben werden können. Dieser Wert kann beliebig verringert oder bis auf 255 Zeichen erhöht werden. Ebenfalls lässt sich ein Standardwert einstellen. So könnte hier z. B. die Firma XY eingetragen werden. Dieses hätte zur Folge, dass in der Datenblattansicht automatisch in dem entsprechenden Datenfeld die Firma XY voreingetragen wird.

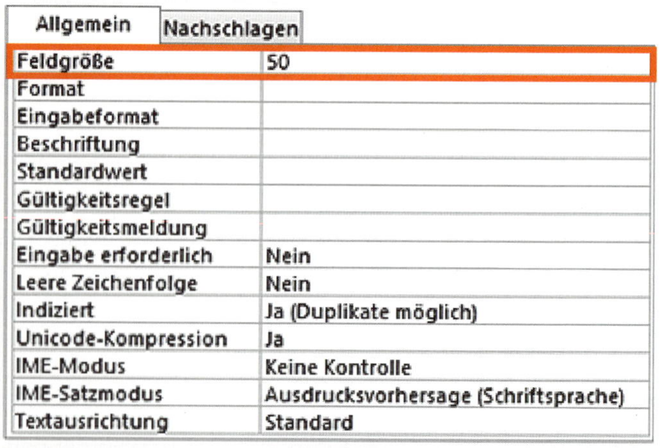

Wichtige Hinweise bei der Spezifikation der Feldeigenschaften liefert das Informationenfeld, welches sich rechts neben den Einstellungsmöglichkeiten befindet. Je nachdem, welcher Punkt gerade bei den Feldeigenschaften bearbeitet werden soll: das Informationsfeld liefert die passenden Informationen dazu und gibt wichtige Einstellungshinweise.

Allgemein | Nachschlagen

Feldgröße	50
Format	
Eingabeformat	
Beschriftung	
Standardwert	
Gültigkeitsregel	
Gültigkeitsmeldung	
Eingabe erforderlich	Nein
Leere Zeichenfolge	Nein
Indiziert	Ja (Duplikate möglich)
Unicode-Kompression	Ja
IME-Modus	Keine Kontrolle
IME-Satzmodus	Ausdrucksvorhersage (Schriftsprache)
Textausrichtung	Standard

Ein Feldname kann bis zu 64 Zeichen lang sein, einschließlich Leerzeichen. Drücken Sie F1, um Hilfe zu Feldnamen zu erhalten.

Für jeden Felddatentypen gibt es verschiedene Einstellungsmöglichkeiten bei den Feldeigenschaften. Um z. B. die Eigenschaften für den Datentypen des Listenpreises (Währung) genauer zu bestimmen, gibt es beispielsweise folgende Möglichkeiten:

- Format = Wie soll die Zahl formatiert sein?
- Dezimalstellenanzeige = Wie viele Dezimalstellen sollen angezeigt werden?
- Eingabe erforderlich = Ist eine Eingabe zwingend erforderlich?

Artikel

Feldname	Felddatentyp
Standardkosten	Währung
Listenpreis	Währung
Mindestbestand	Zahl

Feldeigens

Allgemein | Nachschlagen

Format	Euro
Dezimalstellenanzeige	Automatisch
Eingabeformat	
Beschriftung	
Standardwert	0
Gültigkeitsregel	
Gültigkeitsmeldung	
Eingabe erforderlich	Ja
Indiziert	Nein
Textausrichtung	Standard

Der Listenpreis wird in der Datenblattansicht wie folgt angezeigt:

Artikel

ID	Produktcode	Artikelname	Listenpreis
1	NWTB-1	Northwind Traders Chai	18,00 €
3	NWTCO-3	Northwind Traders Syrup	10,00 €

Hinweis: Der Standardwert gibt einen Wert vor, welcher bereits automatisch in das Datenfeld geschrieben werden soll. Zusätzlich lassen sich noch Formatierungen, wie z. B. die Textausrichtung, vornehmen. Die wichtigsten noch fehlenden Einstellungsmöglichkeiten der Feldeigenschaften werden im weiteren Verlauf dieses Lern- und Arbeitsbuches behandelt.

Für die Felddatentypen „Kurzer Text“ und „Datum/Uhrzeit“ lässt sich im Bereich der Feldeigenschaften ein Eingabeformat festlegen.

Telefonnummer	Kurzer Text

Feldeigenschaften

Um den Eingabeformat-Assistenten zu öffnen, genügt ein „Klick" im Bereich der Feldeigenschaften in die Zeile Eingabeformat sowie ein weiterer „Klick" auf die dann erscheinenden drei Punkte am Ende der Zeile.

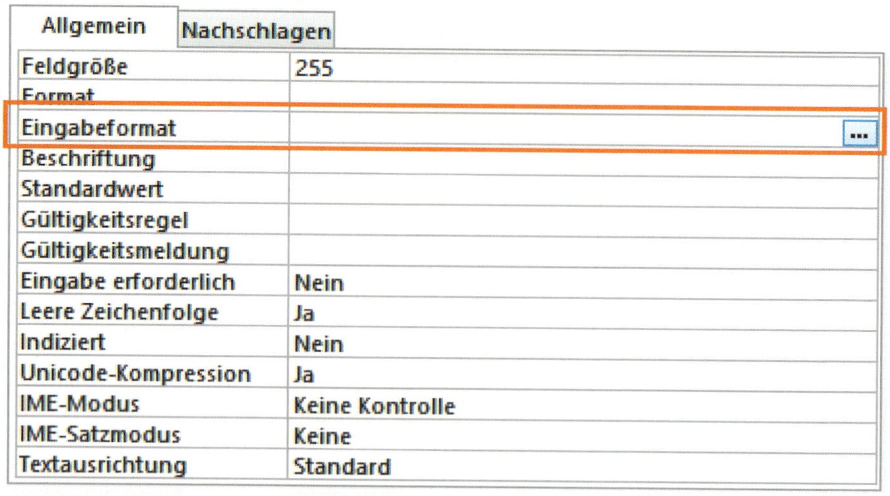

Hier lassen sich beispielsweise bestimmte Eingabeformate für Postleitzahlen oder Telefonnummern auswählen. Der Datenbankuser kann nur noch Dateneingaben entsprechend des ausgewählten Eingabeformates eingeben.

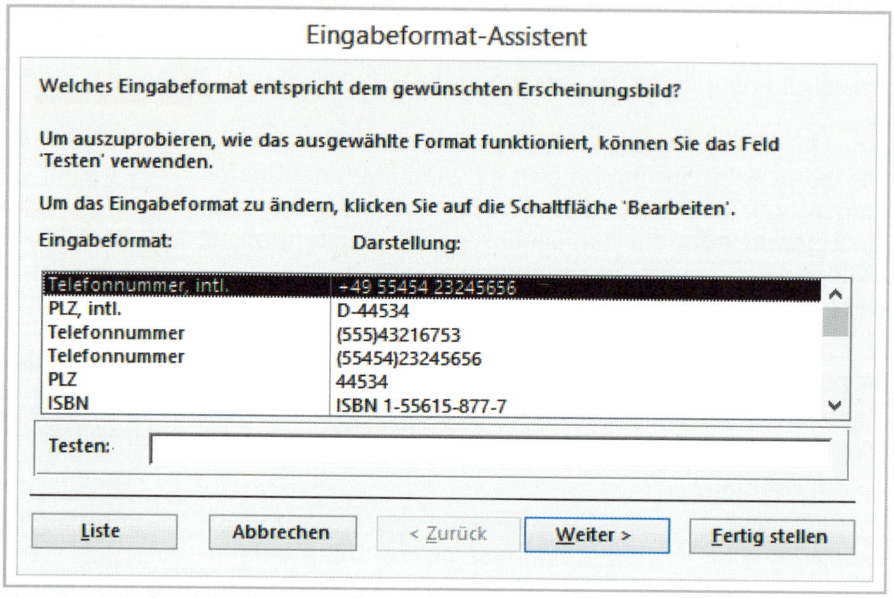

2.1.4 Den Primärschlüssel einstellen

Jede Tabelle benötigt einen eigenen Primärschlüssel. Hierzu können Sie ein Schlüsselattribut in der Entwurfsansicht erstellen bzw. auswählen. Der Primärschlüssel ist durch einen kleinen farbigen Schlüssel kenntlich gemacht.

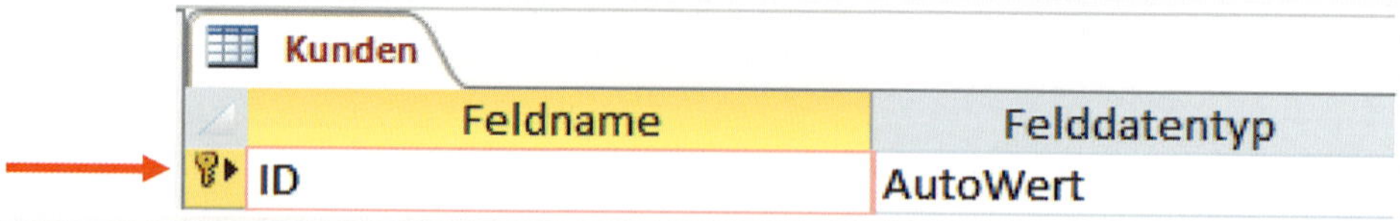

Für die Erstellung des Primärschlüssels kann beispielsweise das entsprechende Symbol in der Multifunktionsleiste betätigt werden. Alternativ kann auch mit dem Kontextmenü für die Erstellung oder das Entfernen eines Primärschlüssels gearbeitet werden.

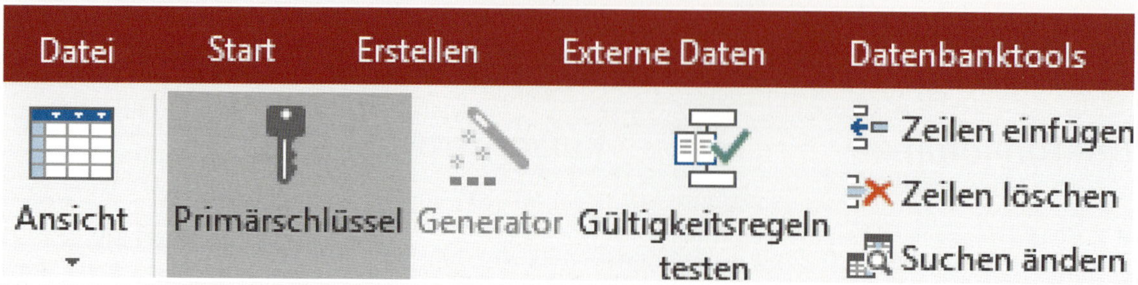

2.1.5 Eine Beschreibung eingeben

Neben den Feldnamen und Felddatentypen können Beschreibungen eingegeben werden, welche sowohl für den Datenbankentwickler als auch für den Datenbankuser Bedeutung haben können.

Artikel

Feldname	Felddatentyp	Beschreibung (optional)
ID	AutoWert	
Produktcode	Kurzer Text	
Artikelname	Kurzer Text	
Listenpreis	Währung	
Mindestbestand	Zahl	Inventory quantity that triggers reordering
Ziel für Bestand	Zahl	Desired Inventory level after a purchase reorder

Befindet sich der Datenbankuser in der Datenblattansicht, so erscheint bei dem jeweiligen Datenfeld, in unserem Beispiel beim Mindestbestand, in der Statuszeile der Text, den wir vorher in der Entwurfsansicht als Beschreibung hinterlegt haben. Auszug aus der Statuszeile:

Inventory quantity that triggers reordering

Somit bekommt der Datenbankuser wichtige Informationen für die Eingabe der Daten.

2.1.6 Daten eingeben

Nachdem die Grundeinstellungen für die Tabelle in Access vorgenommen wurden, können anschließend die Daten in der Datenblattansicht wie in einem Tabellenkalkulationsprogramm eingegeben werden.

Kunden

ID	Firma	Nachname	Vorname	Position	Faxnummer	Straße
16	Firma P	Goldschmidt	Daniel	Einkaufsmitarbeiter	(123)555-0101	456 16th Street
17	Firma Q	Bagel	Jean Philippe	Inhaber	(123)555-0101	456 17th Street
18	Firma R	Autier Miconi	Catherine	Einkaufsmitarbeiter	(123)555-0101	456 18th Street
19	Firma S	Eggerer	Alexander	Assistent der Buchhaltu	(123)555-0101	789 19th Street
20	Firma T	Li	George	Einkaufsmanager	(123)555-0101	789 20th Street
21	Firma U	Tham	Bernard	Buchhaltungsmanager	(123)555-0101	789 21th Street
22	Firma V	Ramos	Luciana	Einkaufsassistentin	(123)555-0101	789 22th Street
23	Firma W	Entin	Michael	Einkaufsmanager	(123)555-0101	789 23th Street
24	Firma X	Hasselberg	Jonas	Inhaber	(123)555-0101	789 24th Street
25	Firma Y	Rodman	John	Einkaufsmanager	(123)555-0101	789 25th Street
26	Firma Z	Liu	Run	Assistent der Buchhaltu	(123)555-0101	789 26th Street
27	Firma AA	Toh	Karen	Einkaufsmanagerin	(123)555-0101	789 27th Street
28	Firma BB	Raghav	Amritansh	Einkaufsmanager	(123)555-0101	789 28th Street
29	Firma CC	Lee	Soo Jung	Manager Einkauf	(123)555-0101	789 29th Street
(Neu)						

2.2 Tabellen in Access speichern

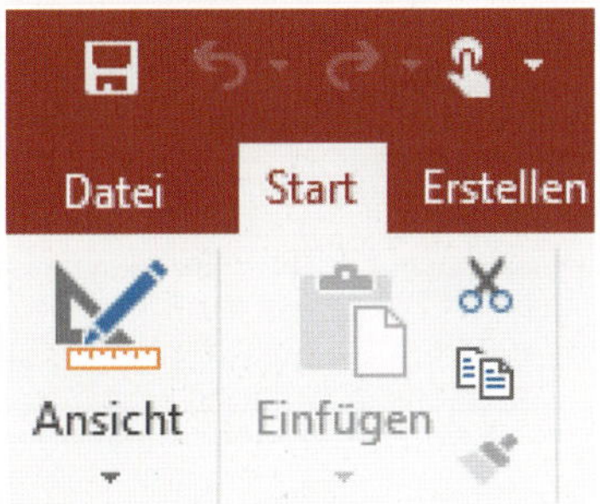

In Access wird der Anwender schon direkt beim Erstellen der Datenbank „gezwungen", der Datenbank einen Namen zu geben. Zu diesem Zeitpunkt sind noch keine Tabellen erstellt und somit auch nicht gespeichert.

Eine Tabelle kann jederzeit gespeichert werden. Hierfür können Sie beispielsweise auf das Disketten-Icon klicken oder über Datei „Speichern" bzw. „Speichern unter" auswählen.

Sollten Sie Ihre Tabelle nicht schon direkt gespeichert haben, werden Sie z. B. spätestens beim Wechsel von der Datenblattansicht in die Entwurfsansicht dazu aufgefordert. Der Name der gespeicherten Tabelle erscheint in der Titelleiste.

11 Salih - ISBN 978-3-8120-1571-4

Lernsituation 6: Erstellen von Gültigkeitsregeln und -meldungen

Der Mitarbeiter des TSV Cuxland, Herr Liebenthron, ist gefrustet. Beim Erstellen einer neuen Tabelle für die 1. Herren-Mannschaft im Fußball muss er u. a. jedes Mal darauf achten, dass er beim Datenfeld „Alter“ nicht aus Versehen 3 Ziffern eingibt.

	ID	Name	Vorname	Strasse und Nummer	Ort	PLZ	Alter	Trikotnummer	Position
	1	Sarpei	Peter	Kickerweg 21	Otterndorf	21762	24	7	MIT
	2	Wuwuzela	Rudi	Am Stadion 13	Cuxhaven	27476	19	13	ST
	3	Bein	Herbert	Krankenhausweg 47	Stade	21680	31	4	ABW
*	(Neu)					0	0	0	

„Schön wär es ja – aber wir haben noch nicht mal bei den alten Herren einen Spieler, der über 100 Jahre alt ist“, denkt er sich.

„Wie soll beim Eingeben so vieler Daten in eine Tabelle die Datenintigrität gewährleistet werden? Hinzu kommt, dass ja auch häufig Datenbankuser Daten in diese Tabelle eingeben, die mit dem Thema nichts zu tun haben. Schließlich liegt mir das Kitesurfen ja auch mehr als der Fußball!“

Informieren

siehe S. 88 ff.

Bearbeiten Sie die Lernsituation mithilfe der Aufzeichnungen aus dem Unterricht oder den passenden Informationen im Anhang der Lernsituation.

Planen und Entscheiden

1. Sammeln Sie für die folgenden Datenfelder mögliche Gültigkeitsregeln und -meldungen, indem Sie die passende Syntax eintragen.
   a) Die Spieler der 1. Herren-Mannschaft sind alle mindestens 18 Jahre alt. Kein Spieler ist älter als 35 Jahre.

Gültigkeitsregel für das Alter

Gültigkeitsmeldung für das Alter

b) Die Spieler wohnen alle in Norddeutschland; somit sind die Postleitzahlen auf den 10000er- und 20000er-Bereich begrenzt.

Gültigkeitsregel für die PLZ

Gültigkeitsmeldung für die PLZ

c) Die Spieler haben alle eine Stammposition. Die Positionen lauten: TW (für Torwart), ABW (für Abwehr), MIT (für Mittelfeld) und ST (für Stürmer).

Gültigkeitsregel für die Position

Gültigkeitsmeldung für die Position

d) Jeder Spieler hat eine Trikotnummer. Es können Nummern zwischen 1 und 100 vergeben werden.

Gültigkeitsregel für die Trikotnummer

Gültigkeitsmeldung für die Trikotnummer

Durchführen

2. Übernehmen Sie die Tabelle aus der Einstiegssituation. Bevor Sie mit der Dateneingabe beginnen, sollten Sie passende Gültigkeitsregeln und -meldungen erstellen.

   Übernehmen Sie die drei Datensätze aus der Einstiegssituation und erweitern Sie anschließend die Tabelle um sieben Datensätze.

Kontrollieren, Festigen und Bewerten

3. Überlegen Sie, ob im obigen Beispiel jede Gültigkeitsregel Sinn macht und welchen Nachteil die Erstellung einer Gültigkeitsregel in unserem Beispiel haben könnte.

4. Erstellen Sie eine kleine Tabelle für die 1. Mixed-Mannschaft im Basketball. Um Fehler bei der Dateneingabe durch den Datenbankuser zu vermeiden, sollen Gültigkeitsregeln und -meldungen für die folgenden Felder erstellt werden:

   a) Spielergröße

Gültigkeitsregel für die Spielergröße

Gültigkeitsmeldung für die Spielergröße

b) Geschlecht

Gültigkeitsregel für das Geschlecht

Gültigkeitsmeldung für das Geschlecht

c) E-Mail-Adresse

Gültigkeitsregel für die E-Mail-Adresse

Gültigkeitsmeldung für die E-Mail-Adresse

5. Lassen Sie anschließend von Ihrem Sitznachbarn fünf fiktive Datensätze eintragen. Korrigieren Sie bei Problemen der Dateneingabe gegebenenfalls Ihre Gültigkeitsregeln und -meldungen.

Platz für Notizen zur Tabelle Ihres Sitznachbarn:

Aufgabensammlung

siehe S. 88 ff.

1. Welche Auswirkungen hat das Erstellen von Gültigkeitsregeln und -meldungen auf eine Tabelle?

2. Nennen Sie die Vorteile einer Gültigkeitsmeldung für den Datenbankuser.

3. Erstellen Sie zu folgenden Situationen eine passende Gültigkeitsregel und -meldung:
   a) Alle Personennamen eines Unternehmens beginnen mit einem C.

Gültigkeitsregel

Gültigkeitsmeldung

b) Es gibt nur Artikelnummern von 1 bis 100 und von 200 bis 500.

Gültigkeitsregel

Gültigkeitsmeldung

c) Bei einem Sportartikelhersteller gibt es die Schuhe nur in 3 Farben (blau, grün, gelb) zu bestellen.

Gültigkeitsregel

Gültigkeitsmeldung

d) Es darf nur das Wort „Chef" eingegeben werden.

Gültigkeitsregel

Gültigkeitsmeldung

e) Jeder Spieler hat positive Spielzeiten.

Gültigkeitsregel

Gültigkeitsmeldung

Checkliste

Nr.	Ich kann ...	Gecheckt! ✔
1	... die Auswirkungen einer Gültigkeitsregel auf die Tabelle erläutern.	
2	... die Vor- und Nachteile einer Gültigkeitsregel erklären.	
3	... die Bedeutung der Gültigkeitsmeldung für den Datenbankuser erklären.	
4	... die möglichen Operatoren zur Erstellung von Gültigkeitsregeln unterscheiden und sinnvoll einsetzen.	
5	... die Funktion von Platzhalterzeichen erklären und diese bei Bedarf sinnvoll einsetzen.	
6	... in Access Gültigkeitsregeln und -meldungen erstellen.	

Informationen zum Lösen der Lernsituation 6 und der dazugehörigen Aufgabensammlung

Gültigkeitsregeln und -meldungen festlegen

Eine Datenbank sollte stimmige Daten enthalten. Mit Gültigkeitsregeln lassen sich Eingabefehler durch den Datenbankuser minimieren. Die Erstellung von Gültigkeitsregeln ist sehr mühsam und für einige Datenfelder nur schwer oder gar nicht zu formulieren.

Die Gültigkeitsregeln und –meldungen lassen sich im Bereich der Feldeigenschaften erstellen. Hierzu muss ein entsprechender und passender Felddatentyp gewählt werden.

Allgemein | Nachschlagen

Feldgröße	Long Integer
Format	
Dezimalstellenanzeige	Automatisch
Eingabeformat	
Beschriftung	
Standardwert	0
Gültigkeitsregel	
Gültigkeitsmeldung	
Eingabe erforderlich	Nein
Indiziert	Nein
Textausrichtung	Standard

Um eine Gültigkeitsregel zu formulieren stehen verschiedene Operatoren zur Verfügung:

Mathematische Operatoren:

Mathematischer Operator	Bedeutung
+	Addition
–	Subtraktion
*	Multiplikation
/	Division
^	Hoch/Potenzierung

Beispiel:

Bei der Eingabe der Gültigkeitsregel für den Felddatentyp Zahl kann der Datenbankanwender nur die Zahl 10 eingeben. Die Gültigkeitsregel lautet z. B.: 13–3

Logische Operatoren:

Logischer Operator	Bedeutung
=	gleich
<>	ungleich
>	größer
<	kleiner
>=	größer oder gleichgroß
<=	kleiner oder gleichklein
UND / &	Verbindungsoperator
ODER	eine der Bedingungen muss erfüllt sein
NICHT	darf nicht eingegeben werden

Beispiel:

Bei der Eingabe der Gültigkeitsregel für den Felddatentyp Zahl kann der Datenbankanwender nur Zahlen eingeben, die kleiner als 13 sind. Die Gültigkeitsregel lautet z. B.: <13

Funktionsoperatoren:

Funktionsoperator	Bedeutung
ZWISCHEN	zwischen zwei Werten
IN()	sucht einen bestimmten Wert
WIE	Vergleich
TAG()	genauer Tag
MONAT()	genauer Monat
JAHR()	genaues Jahr
DATUM()	genaues Datum

12 Salih - ISBN 978-3-8120-1571-4

Beispiel:

Bei der Eingabe der Gültigkeitsregel für den Felddatentyp Zahl kann der Datenbankanwender nur Zahlen zwischen 3 und 13 eingeben. Die Gültigkeitsregel lautet: ZWISCHEN 3 UND 13

Hinweis: Die Operatoren können miteinander kombiniert werden!

Neben den Operatoren kann auch mit Platzhalterzeichen gearbeitet werden. An dieser Stelle werden die gängigsten Platzhalterzeichen tabellarisch vorgestellt.

Platzhalterzeichen:

Platzhalterzeichen	Bedeutung
*	beliebig viele Zeichen
?	genau ein Zeichen
#	genau ein nummerisches Zeichen

Beispiel:

Bei der Eingabe der Gültigkeitsregel für den Felddatentyp Text kann der Datenbankanwender nur Wörter eingeben, die mit C beginnen. Die Gültigkeitsregel lautet: WIE "C*"

Hinweis: Die Platzhalterzeichen können miteinander kombiniert werden!

Der Datenbankuser sollte, wenn möglich, bereits durch einen Hinweis in der Statuszeile darauf hingewiesen werden, welche Eingaben möglich sind. Sollte es dennoch zu einer Fehleingabe kommen und die Gültigkeitsregel verletzt worden sein, erscheint die Gültigkeitsmeldung in Form eines Popup Fensters.

Beispiel:

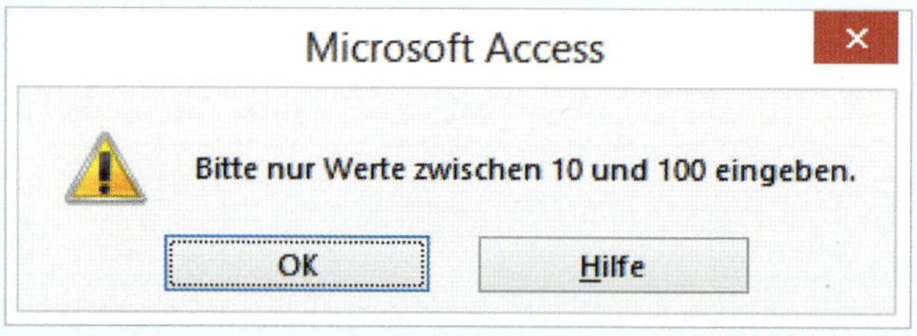

Gültigkeitsmeldung bei der Gültigkeitsregel: ZWISCHEN 10 UND 100.

Die Gültigkeitsmeldung sollte so formuliert sein, dass der Datenbankanwender die nötigen Informationen für eine erfolgreiche Eingabe erhält.

Hinweis: Die Syntax bei den Gültigkeitsregeln kann teilweise vereinfacht eingegeben werden. So kann beispielsweise nur C* eingegeben werden. Access fügt das Wort WIE sowie die Anführungszeichen automatisch hinzu.

Eingabeformat-Assistent:

Sofern bereits bei den Felddatentypen „Kurzer Text" oder „Datum/Uhrzeit" im Bereich der Feldeigenschaften mit dem Eingabeformat gearbeitet wurde (siehe vorherige Lernsituation), kann auf eine Gültigkeitsregel verzichtet werden.

Lernsituation 7: Formulare und Berichte erstellen

Für die Mitarbeiter beim TSV Cuxland ist die Dateneingabe über Tabellen sehr monoton und geradezu langweilig. Hinzu kommt, dass die Tabellen nicht sehr repräsentativ aussehen, wenn beispielsweise ein neues Mitglied zur Geschäftsstelle kommt und direkt eingepflegt wird. Auch die Ausdrucke der Mitgliederlisten sehen nicht wirklich anders aus, als in einem herkömmlichen Tabellenkalkulationsprogramm.

Aus diesem Grund führen die Mitarbeiter der EDV-Abteilung in Abwesenheit von ihrem Abteilungsleiter ein kleines Abteilungsmeeting zu dieser Problematik durch.

„Es wäre doch auch schön, wenn ein mögliches neues Mitglied live auf einem eigenen Bildschirm die Dateneingabe verfolgen könnte", sagt Herr Liebenthron.

„Hierzu müssten wir allerdings eine separate Eingabemaske bzw. ein Formular erstellen, sodass das neue Mitglied aus Datenschutzgründen nicht die anderen Daten der Tabelle sieht", ergänzt Herr Hanft.

„Wir bräuchten auch ein Design, welches zu unserem Verein passt und natürlich darf unser TSV Cuxland Logo nicht fehlen." „Dieses könnten wir dann ja vielleicht irgendwie auf unsere Ausdrucke übertragen?!", äußert Mehmet Atalay.

„Jeder von uns kann doch mal etwas Passendes entwerfen und unsere gesammelten Entwürfe stellen wir dann Herrn Ludewig vor, wenn er wieder da ist", schlägt Herr Hanft vor.

„So machen wir es, ran an die Computer und Access gestartet", ruft Herr Liebenthron voller Vorfreude.

Mehmet nickt!

Als er an seinem Computer sitzt, wird ihm ganz anders. *„Wie soll das nur mit Access funktionieren?"*, fragt sich Mehmet. *„Hätte ich auf dem Meeting doch nur den Mund aufgemacht!"*

Informieren

Bearbeiten Sie die Lernsituation mithilfe der Aufzeichnungen aus dem Unterricht oder den passenden Informationen im Anhang der Lernsituation.

siehe S. 98 ff.

Planen

1. Erstellen Sie zwei sinnvolle Formularskizzen für den Sportverein TSV Cuxland. Nehmen Sie als Grundlage für die Formulare Ihre Mitgliedertabelle aus Lernsituation 5.

Formular-Skizze 1:

Formular-Skizze 2:

Entscheiden und Durchführen

siehe S. 98 ff.

2. Entscheiden Sie sich für eine Ihrer beiden Skizzen und versuchen Sie, diesen Entwurf im ersten Schritt mit dem AutoFormular in Access zu realisieren.
   - Vereinfachen Sie Ihr Formular so weit, dass es mit dem AutoFormular umsetzbar ist.
3. Versuchen Sie im zweiten Schritt, die identische Skizze mit dem Formularentwurf umzusetzen.

siehe S. 103 ff.

4. Erstellen Sie anhand Ihrer Mitgliedertabelle aus der Lernsituation 5 jeweils einen Bericht mit dem Berichts-Assistenten und dem Berichtsentwurf. Versuchen Sie beide Berichte im Design eines Sportvereins bzw. des TSV Cuxland zu gestalten.

Speichern nicht vergessen!

Kontrollieren, Festigen und Bewerten

5. Vergleichen Sie Ihre beiden abgespeicherten Formulare mit Ihrer Ausgangsskizze. Beschreiben Sie stichpunktartig die Unterschiede.

siehe S. 100 ff.

6. Wechseln Sie nachträglich in die Formularentwurfsansicht. Versuchen Sie die Stichpunktliste abzuarbeiten und somit die beiden Formulare anzugleichen.
7. Fügen Sie der Mitgliedertabelle mithilfe des Formulars drei neue Datensätze hinzu.

8. Vergleichen Sie gegenseitig Ihre Berichte. Übernehmen Sie gute Eigenschaften für Ihren eigenen. Gehen Sie hierzu nachträglich in die entsprechende Entwurfsansicht zum bereits abgespeicherten Bericht.

siehe S. 106 f.

9. Fertigen Sie eine Klickanleitung für das Erstellen eines Berichtes für die Mitgliedertabelle mithilfe des Berichts-Assistenten von Access an.

siehe S. 104 f.

10. Lassen Sie eine andere Person mithilfe Ihrer Klickanleitung einen Bericht erstellen. Korrigieren Sie gegebenenfalls Ihre Klickanleitung.

Speichern nicht vergessen!

Aufgabensammlung

siehe S. 99

1. Fertigen Sie eine Klickanleitung für das Erstellen eines Formulars mithilfe des Formular-Assistenten von Access an.

2. Übernehmen Sie die vorher nicht ausgewählte Formularskizze in Access. Versuchen Sie möglichst nahe an das Original heranzukommen.

3. Beschreiben Sie die Vorteile eines Berichtes.

4. Erstellen Sie einen passenden Bericht zu der in Lernsituation 6 erstellten Tabelle (S. 82).

Checkliste

Nr.	Ich kann ...	Gecheckt! ✔
1	... den Nutzen von Formularen erklären.	
2	... die Vorteile von Berichten nennen und erklären.	
3	... alle Möglichkeiten zur Erstellung von Formularen aufzeigen.	
4	... alle Möglichkeiten zur Erstellung von Berichten aufzeigen.	
5	... Formulare in Access erstellen und nachträglich verändern.	
6	... Berichte in Access erstellen und nachträglich verändern.	

13 Salih - ISBN 978-3-8120-1571-4

Informationen zum Lösen der Lernsituation 7 und der dazugehörigen Aufgabensammlung

1 Formulare erstellen

Mit Microsoft Access lassen sich im Handumdrehen Formulare erstellen, die auf den Daten der Tabellen oder Abfragen beruhen und diese in Formularen darstellen. Zusätzlich können die Daten über die Formulare verwaltet, bearbeitet und verändert werden. Bei Bedarf lassen sich ebenfalls neue Daten bzw. Datensätze hinzufügen. Das Erstellen eines Formulars erfolgt über die Registerkarte Erstellen innerhalb der Multifunktionsleiste.

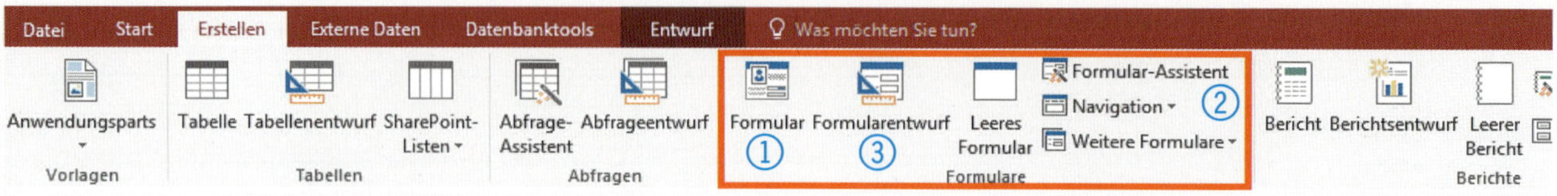

Für die Erstellung von Formularen in Access stehen verschiedene Möglichkeiten zur Verfügung:

(1) Das AutoFormular

Wie der Name schon sagt, erstellt das AutoFormular das Formular automatisch. Es werden alle Daten einer Tabelle oder Abfrage in Formularform dargestellt. Hierfür reicht ein einfacher Klick auf das Formular-Icon. Für die optische Gestaltung stehen dem Anwender eine Reihe an Vorlagen und Formatierungsvorlagen zur Verfügung.

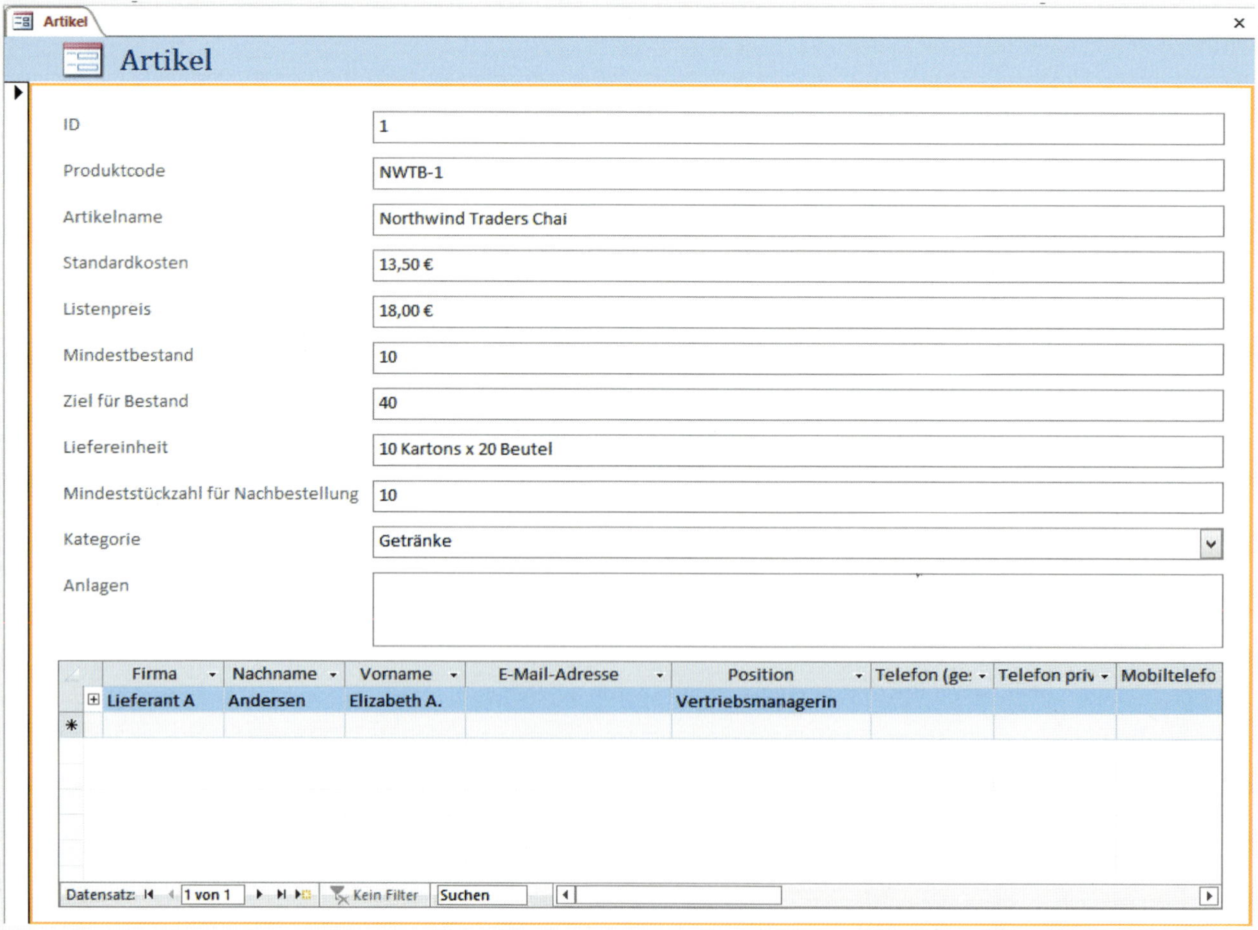

(2) Formular-Assistent

Der Formular-Assistent unterstützt den Anwender Schritt für Schritt bei der Erstellung eines Formulars. Es können gezielt Daten ausgewählt und in Formularen angezeigt werden.

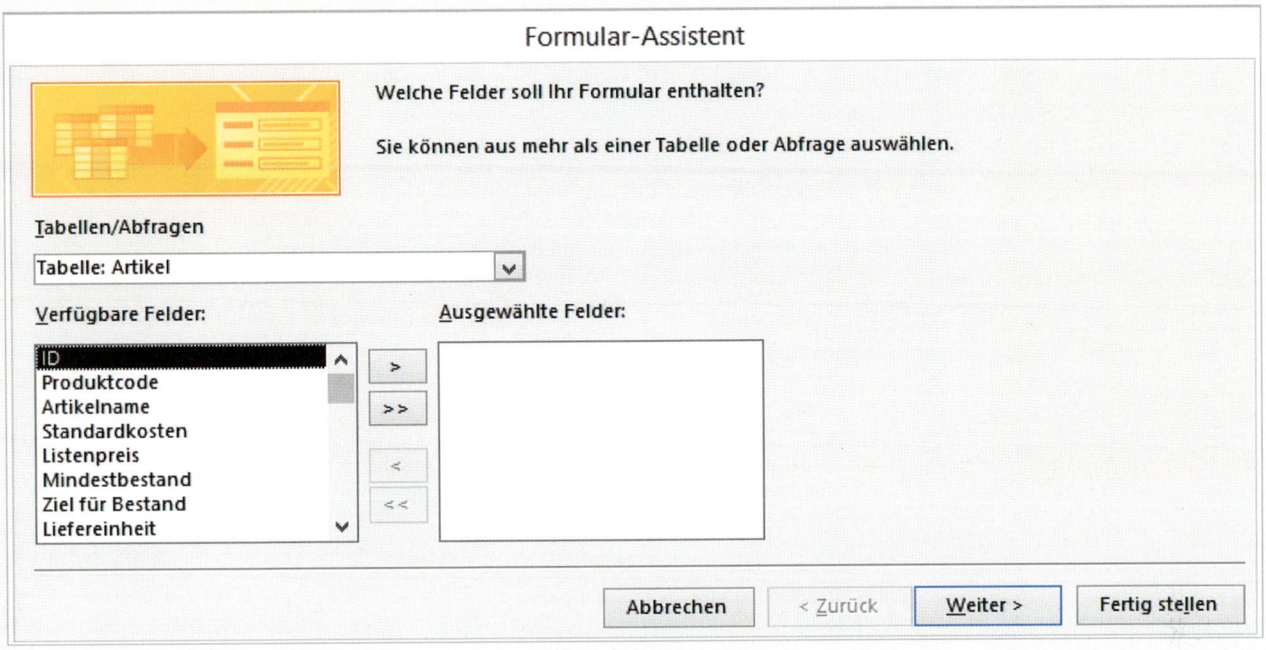

Nachdem die passenden Felder ausgewählt wurden, können verschiedene Layouts ausgewählt werden.

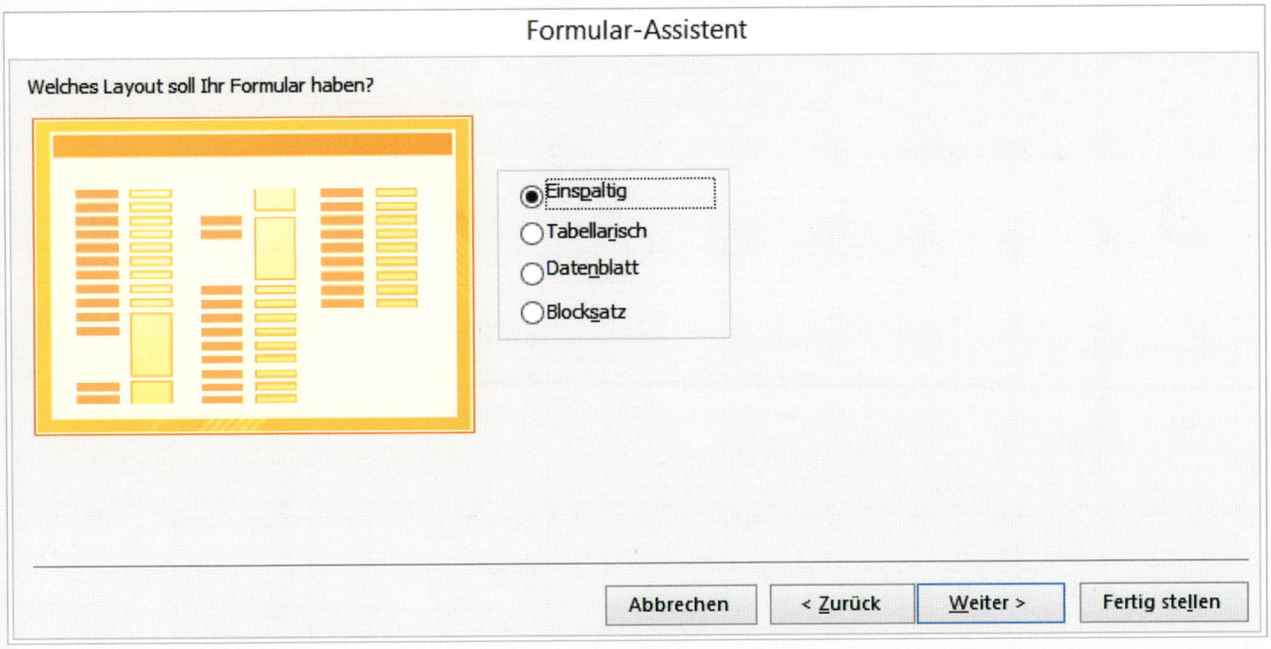

Im letzten Schritt besteht die Möglichkeit dem Formular einen Namen zu geben und sich entweder das fertige Formular oder den Formularentwurf in der Formularentwurfsansicht anzeigen zu lassen.

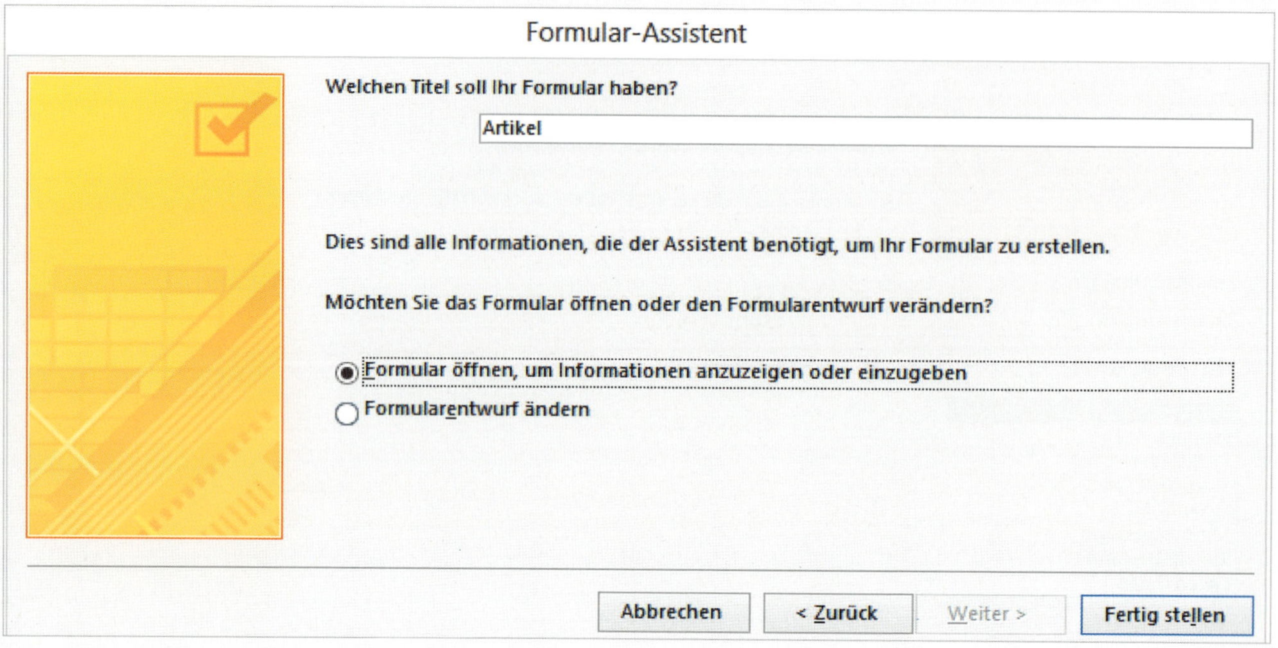

(3) Formularentwurf

Die meisten Freiheiten erhält der Anwender mit dem Formularentwurf. Diese Entwurfsansicht ermöglicht das individuelle Gestalten eines Formulars oder das nachträgliche Bearbeiten von bereits erstellten Formularen. Das Arbeiten mit dem Formularentwurf setzt bei dem Anwender das meiste Können voraus.

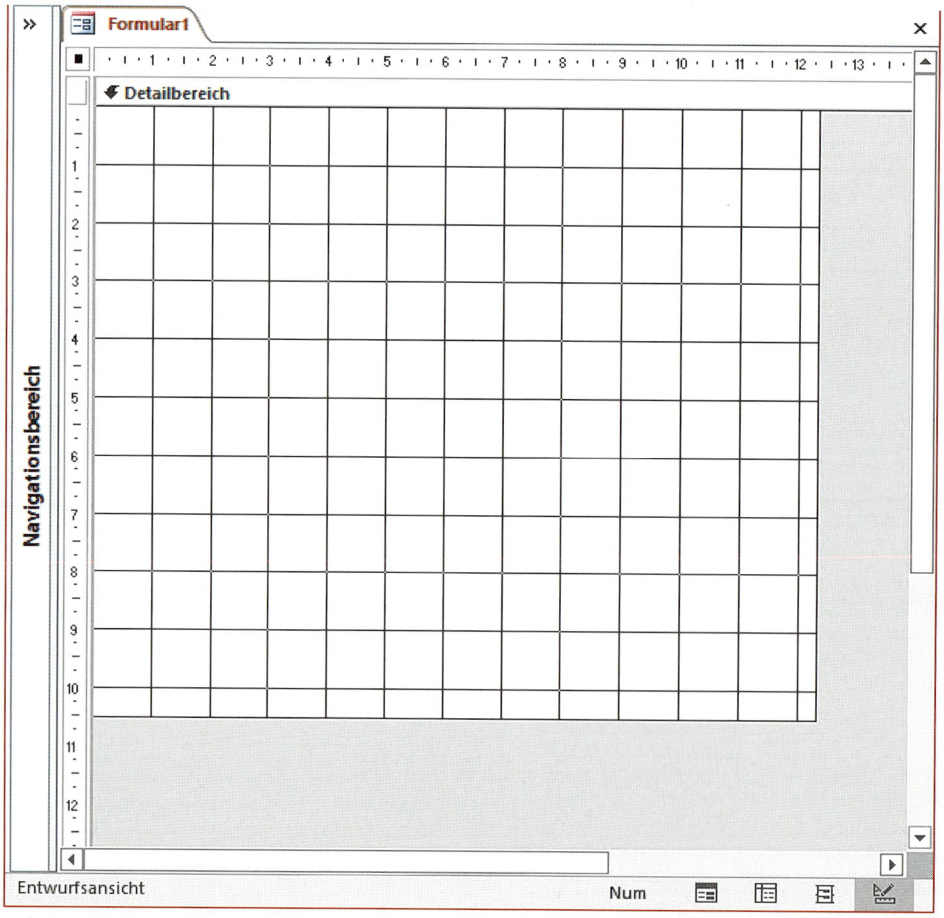

Das Formular ist in drei Bereiche unterteilt:

- Formularkopf
- Detailbereich
- Formularfuß.

Der Formularkopf kann unter anderem dafür genutzt werden, um ein Banner, z. B. mit dem Firmenlogo, zu erstellen. Im Detailbereich werden die Informationen der ursprünglichen Tabelle angezeigt. Im Formularfuß können bei Bedarf weitere Verknüpfungen zu anderen Formularen oder Makros zum Löschen oder Navigieren innerhalb der Datensätze erfolgen.

Hinweis: Ein Makro bezeichnet eine feste Abfolge an Befehlen, welche ausgeführt werden, sobald dieses Makro, in der Regel ein Button oder Icon, betätigt wird. Ein Makro muss vorher selbst vom Datenbankentwickler erstellt werden.

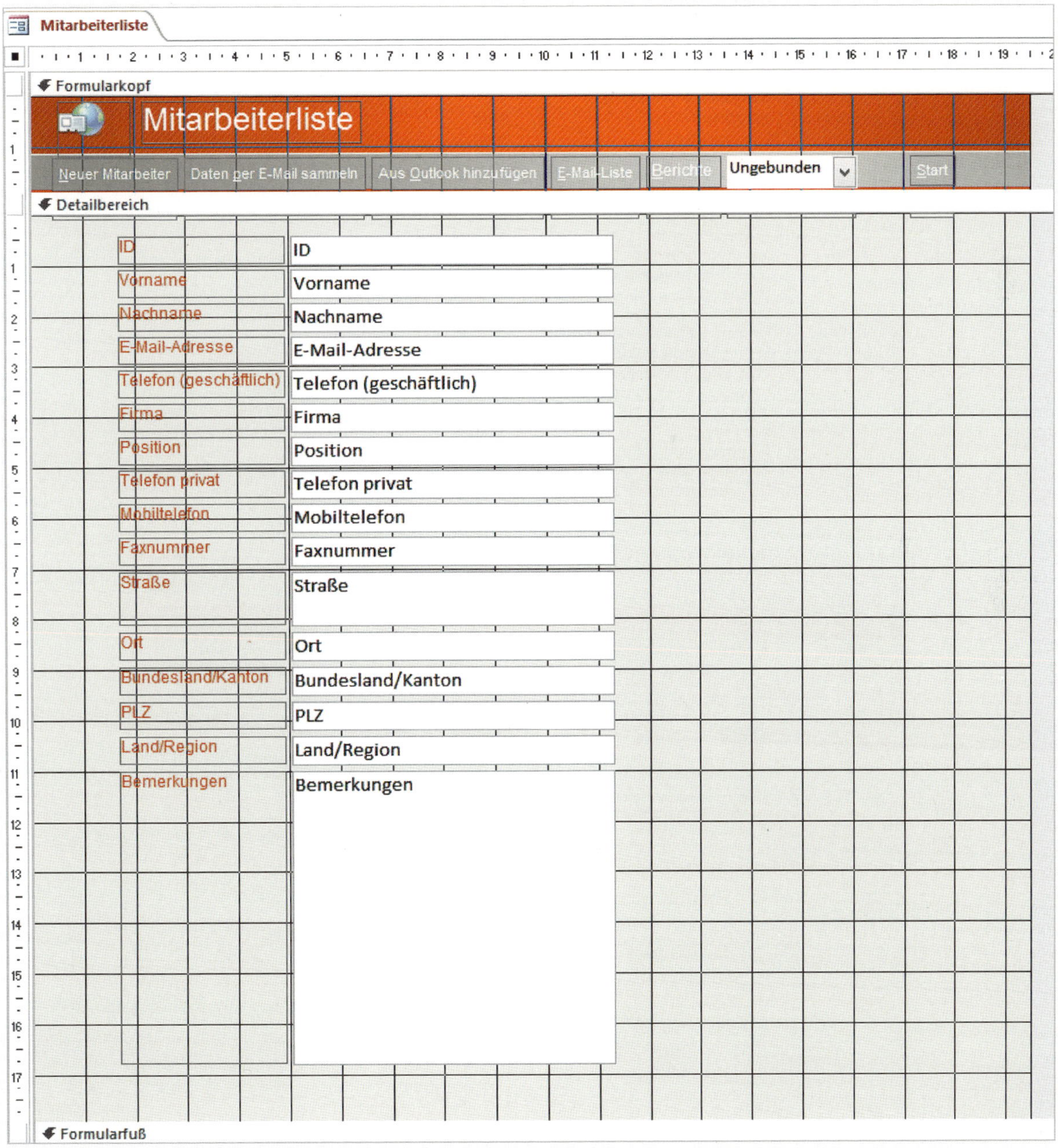

Sobald das Formular bearbeitet wird, lassen sich im Eigenschaftenblatt des Formulars weitere Einstellungen vornehmen. Diese beziehen sich sowohl auf die Formatierung des Formulars, als auch auf die zugrunde liegenden Daten bzw. eingepflegten Makros.

Eigenschaftenblatt

Auswahltyp: Formular

Formular

Format | Daten | Ereignis | Andere | Alle

Beschriftung	
Standardansicht	Geteiltes Formular
Formularansicht zulassen	Ja
Datenblattansicht zulassen	Ja
Layoutansicht zulassen	Ja
Bildtyp	Eingebettet
Bild	(Bild)
Bild nebeneinander	Nein
Bildausrichtung	Links oben
Bildgrößenmodus	Horizontal dehnen
Breite	19,497cm
Automatisch zentrieren	Ja
Größe anpassen	Ja
An Bildschirmgröße anpassen	Nein
Rahmenart	Veränderbar
Datensatzmarkierer	Nein
Navigationsschaltflächen	Ja
Navigationsbeschriftung	
Trennlinien	Nein
Bildlaufleisten	Nein
Mit Systemmenüfeld	Ja
Schließen Schaltfläche	Ja
MinMaxSchaltflächen	Beide vorhanden
Verschiebbar	Nein
Größe des geteilten Formulars	1,905cm
Ausrichtung des geteilten Formulars	Datenblatt unten
Teilerleiste des geteilten Formulars	Nein
Datenblatt des geteilten Formulars	Bearbeitungen zulassen
Drucken des geteilten Formulars	Nur Datenblatt
Position der Teilerleiste speichern	Ja
Unterdatenblatt erweitert	Nein
Unterdatenblatthöhe	0cm
Raster X	24
Raster Y	24
Drucklayout	Nein
Ausrichtung	Von links nach rechts
Palettenherkunft	(Standard)

Ein fertiges Formular kann beispielsweise so aussehen:

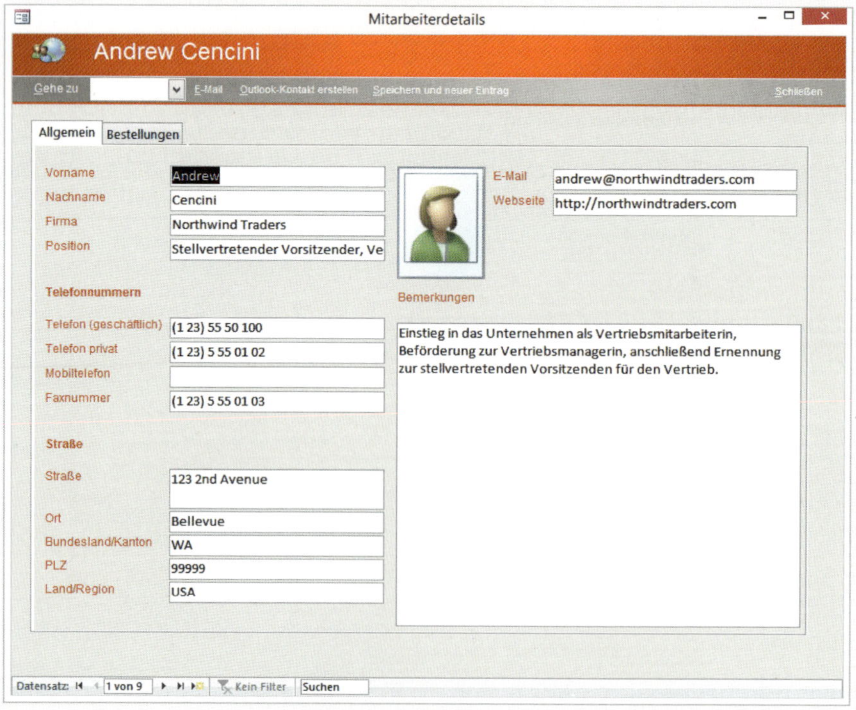

Hinweis: Das Navigieren innerhalb von Formularen ist identisch mit dem Navigieren innerhalb von Tabellen.

2 Berichte erstellen

In Tabellen sind Daten bzw. Datensätze tabellarisch und in Formularen in Formularansicht dargestellt. Das Ausdrucken dieser Informationen ist zwar möglich, aber nicht sinnvoll, da das Zusammenstellen und Aufbereiten der Informationen mühsam wäre und die Übersicht trotz einer Vielzahl an Formatierungsmöglichkeiten begrenzt ist. Aus diesem Grund bietet Access das Feature der Berichtserstellung an. Als Datengrundlage dienen Tabellen, Formulare und Abfragen. Das Erstellen eines Berichts erfolgt über die Registerkarte Erstellen.

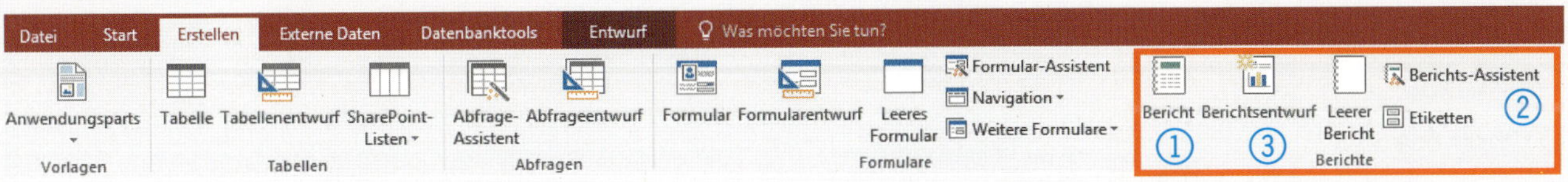

Für die Erstellung von Berichten in Access stehen verschiedene Möglichkeiten zur Verfügung:

(1) Der AutoBericht

Der AutoBericht erstellt den Bericht automatisch. Hierbei werden alle Daten einer Tabelle, eines Formulars oder einer Abfrage in Berichtsform dargestellt. Dafür genügt ein Klick auf das Icon „Bericht". Für die optische Gestaltung stehen dem Anwender eine Reihe an Vorlagen und Formatierungsmöglichkeiten zur Verfügung.

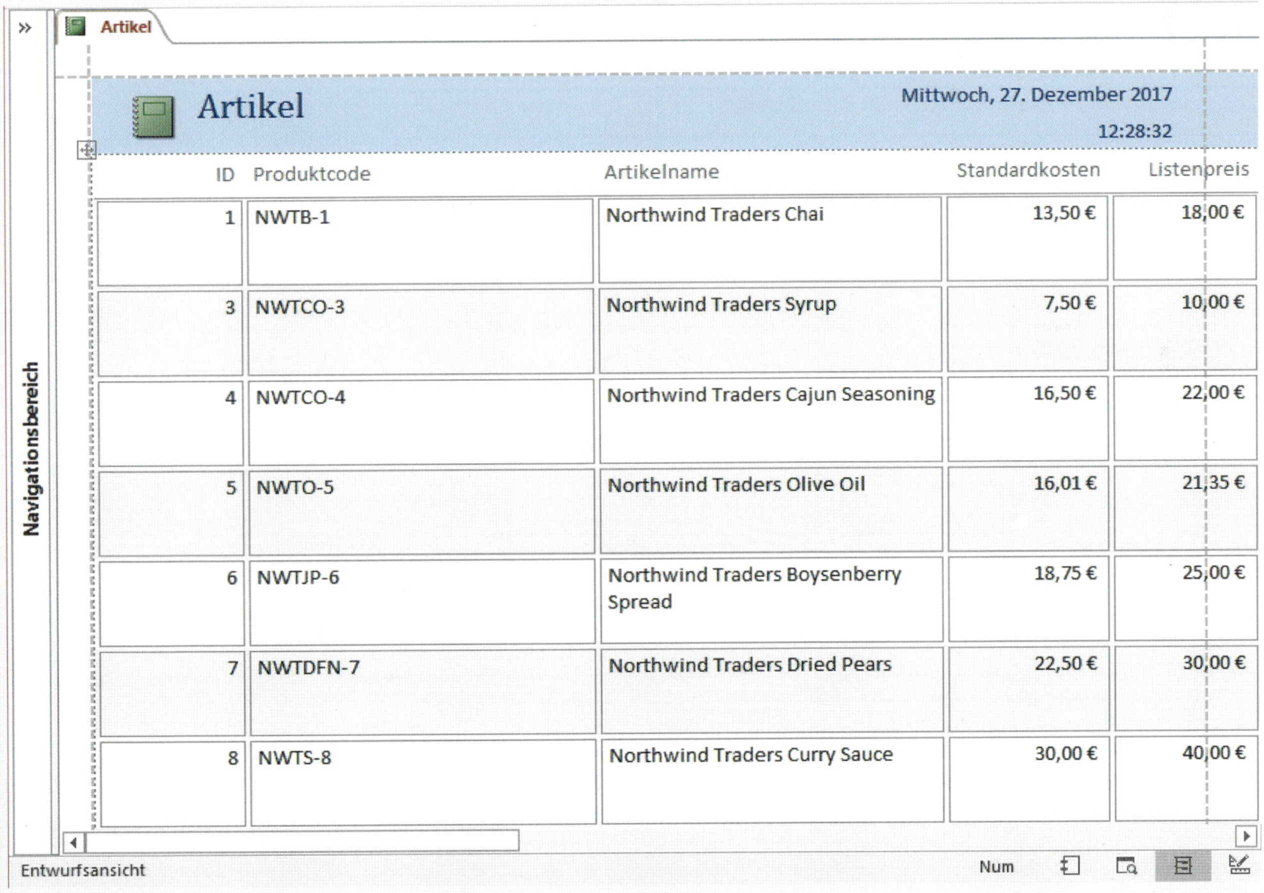

ID	Produktcode	Artikelname	Standardkosten	Listenpreis
1	NWTB-1	Northwind Traders Chai	13,50 €	18,00 €
3	NWTCO-3	Northwind Traders Syrup	7,50 €	10,00 €
4	NWTCO-4	Northwind Traders Cajun Seasoning	16,50 €	22,00 €
5	NWTO-5	Northwind Traders Olive Oil	16,01 €	21,35 €
6	NWTJP-6	Northwind Traders Boysenberry Spread	18,75 €	25,00 €
7	NWTDFN-7	Northwind Traders Dried Pears	22,50 €	30,00 €
8	NWTS-8	Northwind Traders Curry Sauce	30,00 €	40,00 €

Hinweis: Die gestrichelte Linie zeigt den Druckbereich an.

(2) Berichts-Assistent

Der Berichts-Assistent unterstützt den Anwender Schritt für Schritt bei der Erstellung eines Berichtes. Es können gezielt Daten ausgewählt und in Berichten angezeigt werden.

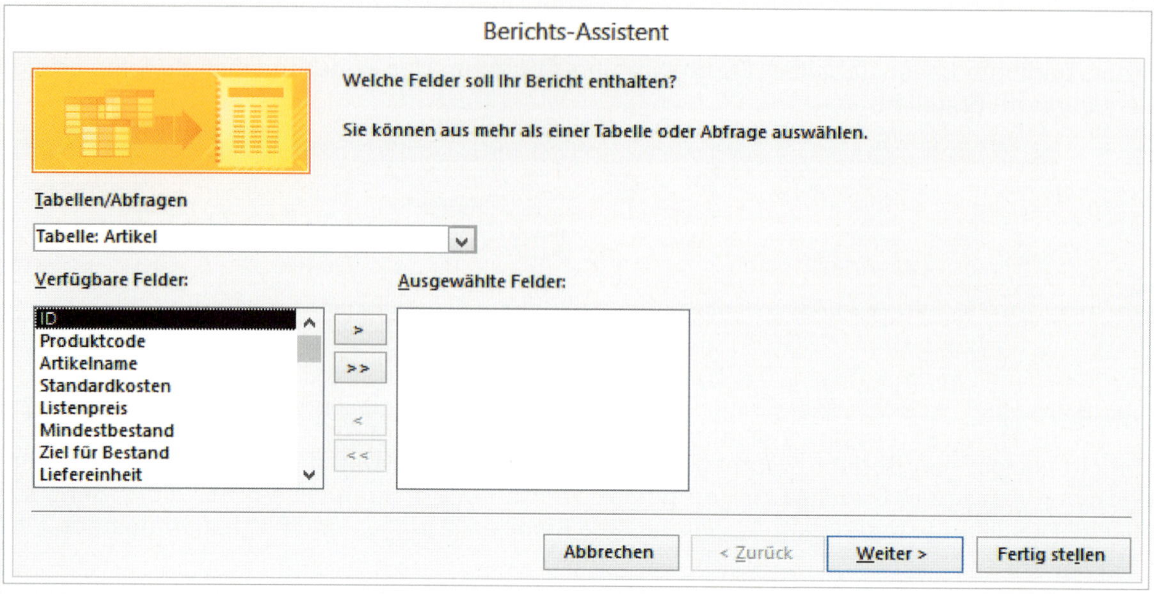

Nach dem Auswählen der passenden Felder können diese Felder gruppiert und nach Priorität geordnet werden.

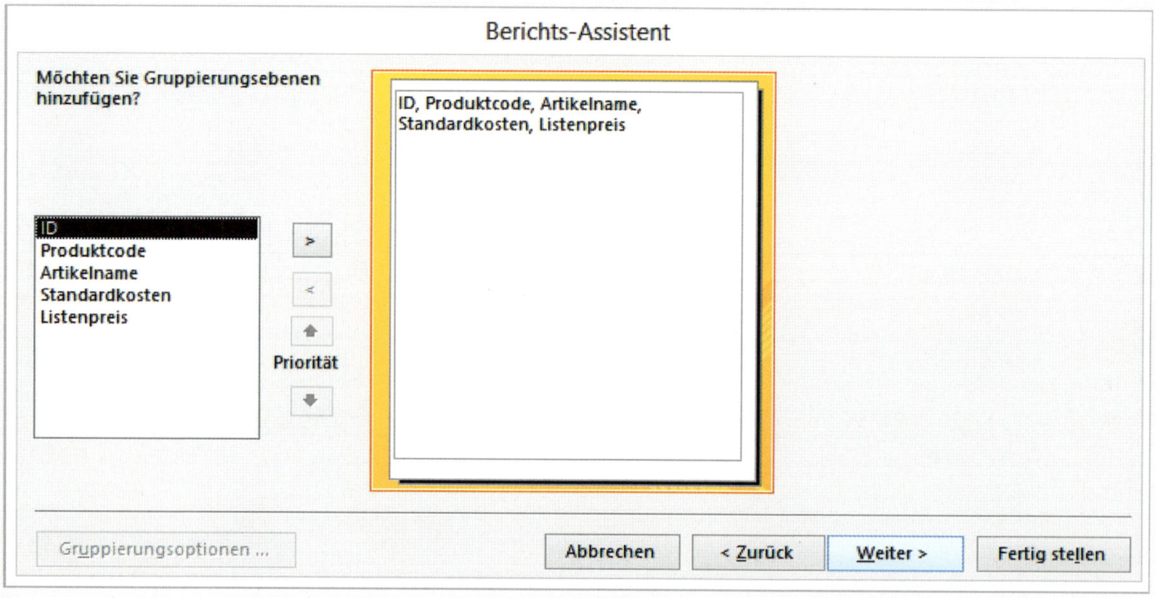

Dem Anwender stehen nach der Auswahl der Gruppierungsebenen im weiteren Verlauf Sortierungsmöglichkeiten (aufsteigend oder absteigend) sowie Layouts zur Verfügung.

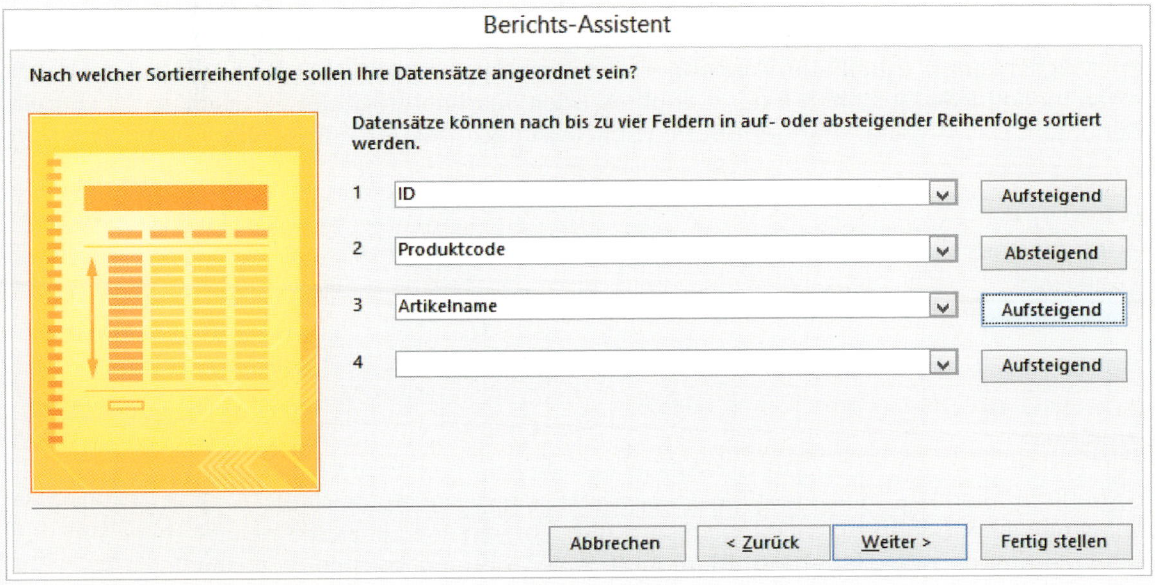

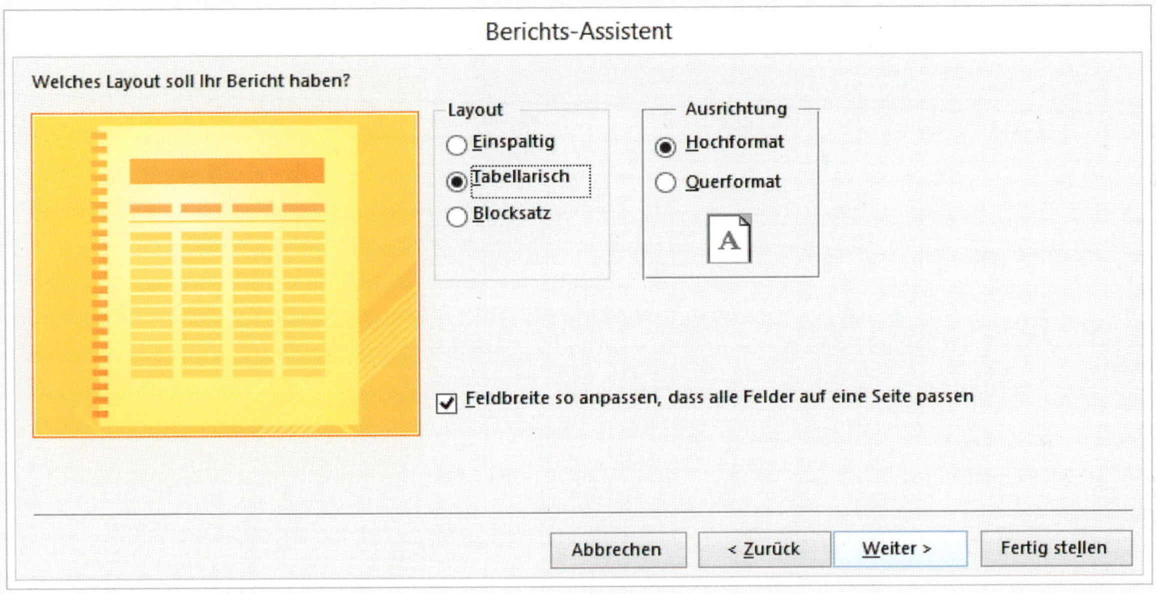

Im letzten Schritt besteht die Möglichkeit, dem Bericht einen Namen zu geben, und sich entweder den fertigen Bericht oder den Berichtsentwurf in der Berichtsentwurfsansicht anzeigen zu lassen.

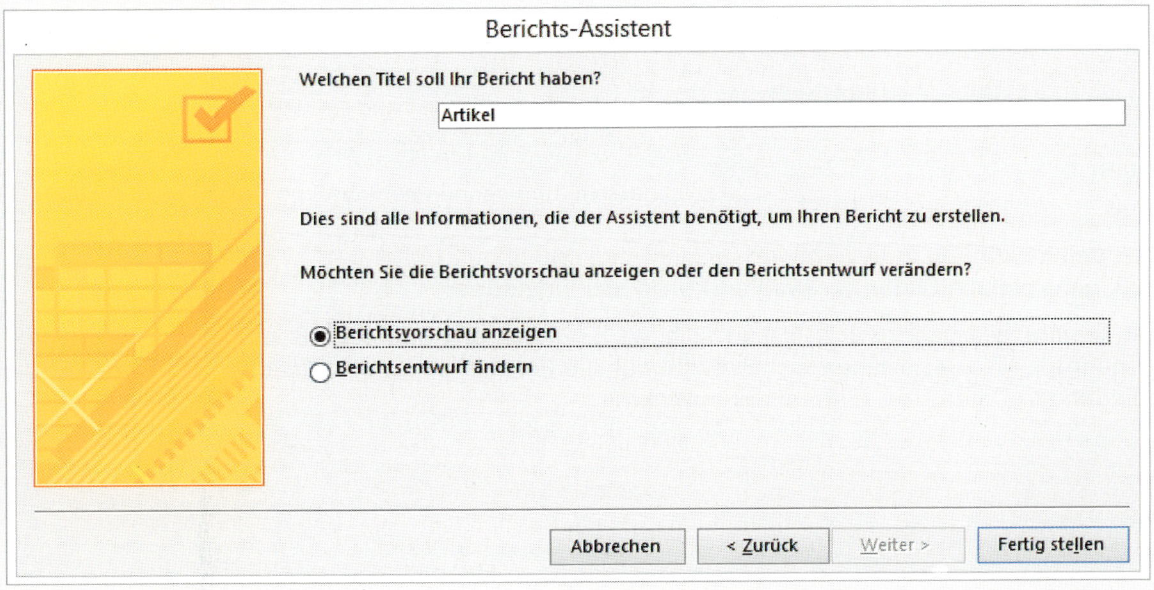

14 Salih - ISBN 978-3-8120-1571-4

(3) Berichtsentwurf

Die meisten Möglichkeiten erhält der Anwender mit dem Berichtsentwurf. Diese Entwurfsansicht ermöglicht das individuelle Gestalten eines Berichtes oder das nachträgliche Bearbeiten von bereits erstellten Berichten. Das Arbeiten mit dem Berichtsentwurf setzt bei dem Anwender das meiste Können voraus.

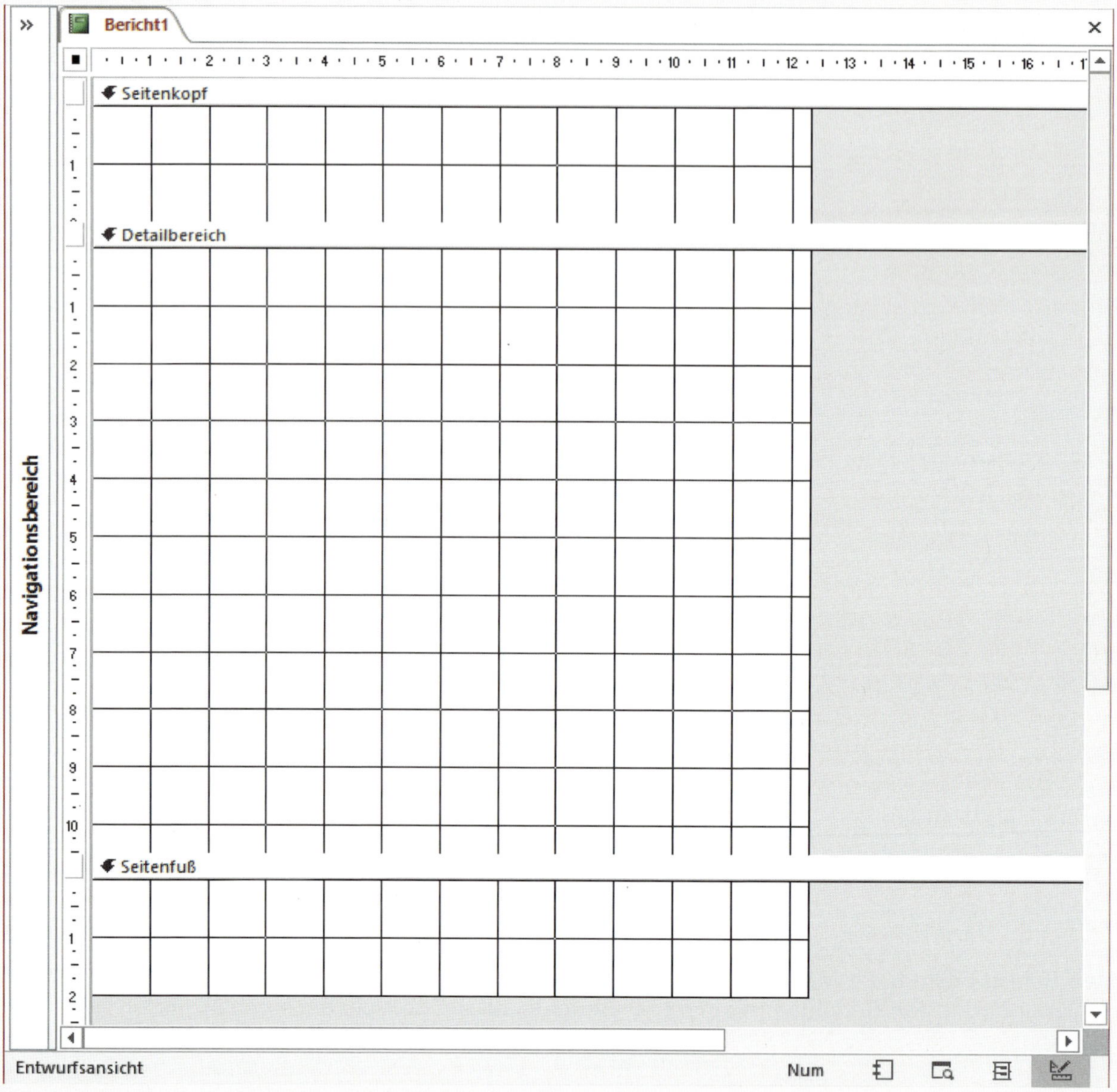

Ein Bericht ist in drei Bereiche unterteilt:

- Seitenkopf
- Detailbereich
- Seitenfuß.

Diese drei Bereiche können in der Entwurfsansicht individuell bearbeitet und gestaltet werden. So lassen sich z. B. ganz einfach Bilder per drag and drop etc. hinzufügen.

Sobald der Bericht bearbeitet wird, lassen sich im Eigenschaftenblatt des Berichts weitere Einstellungen vornehmen. Diese beziehen sich sowohl auf die Formatierung des Berichts, als auch auf die zugrunde liegenden Daten bzw. eingepflegten Makros.

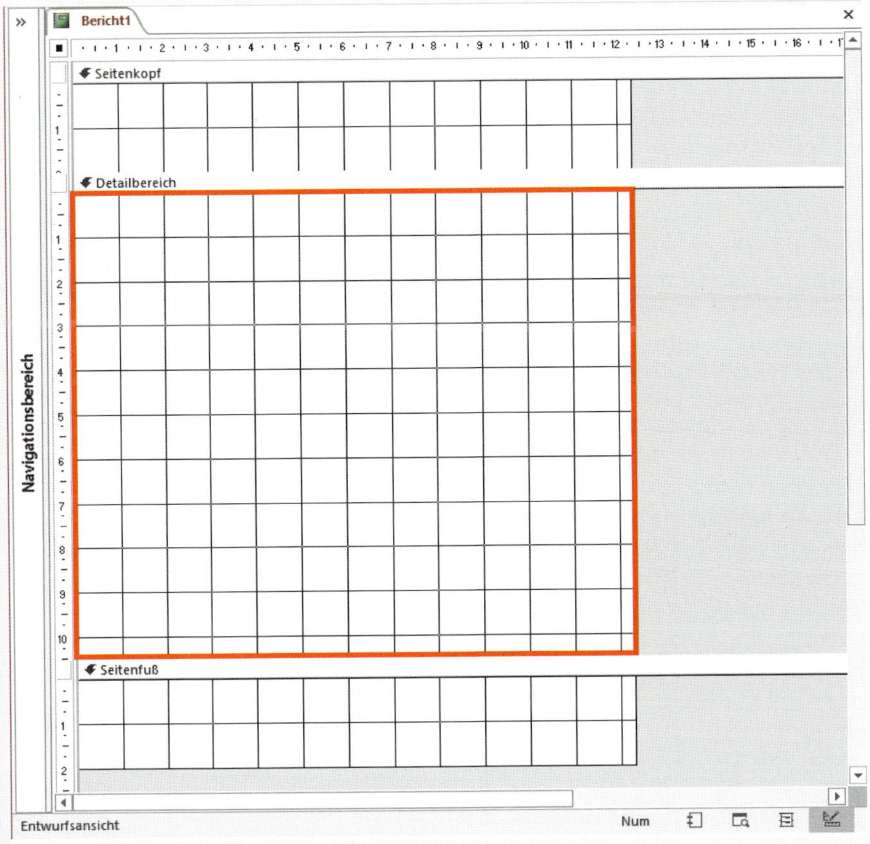

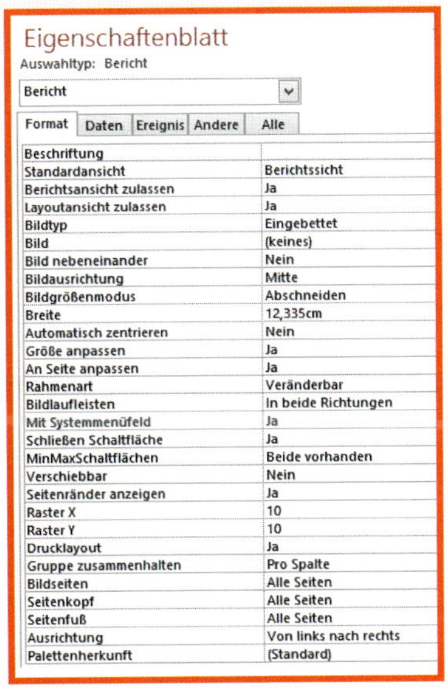

Ein fertiger Bericht kann beispielsweise so aussehen:

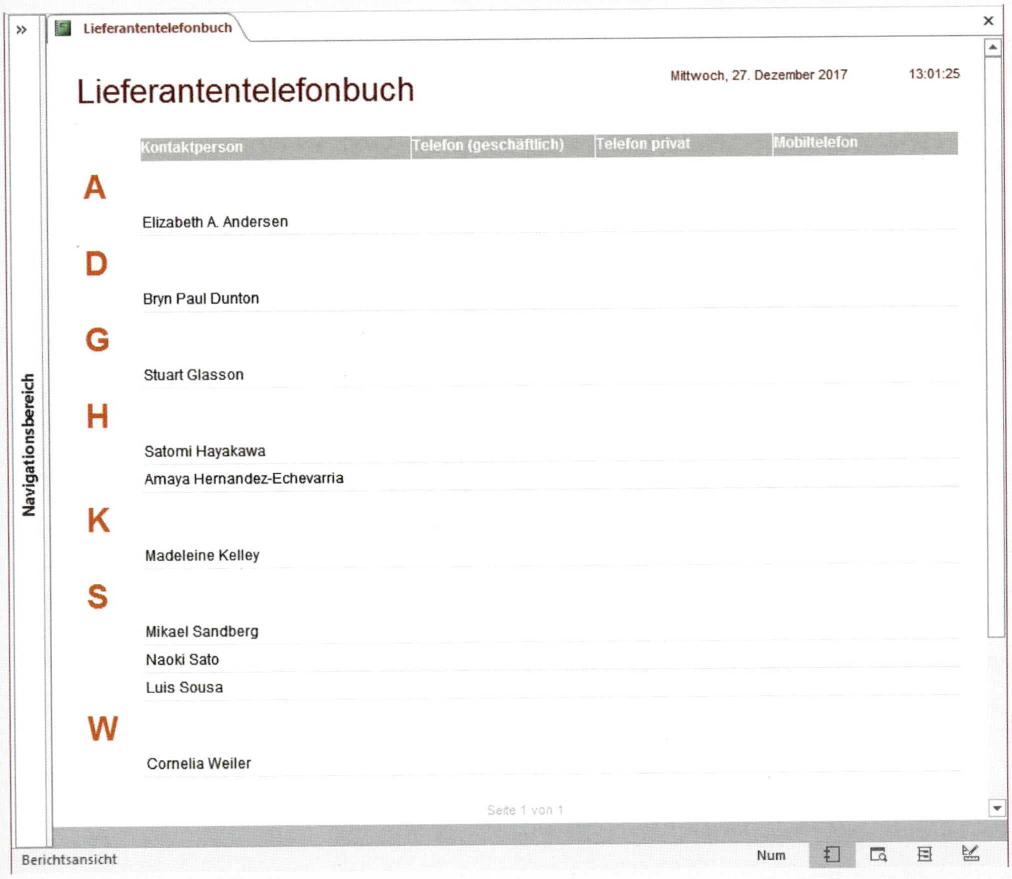

Lernsituation 8: Tabellen miteinander in Relation (Beziehung) setzen

Die neuen Formulare des TSV Cuxland sehen klasse aus. So macht das Eingeben der neuen Daten wirklich Spaß! Auch das Design der Berichte passt perfekt zum Verein. Lediglich das regelmäßige doppelt oder gar dreifache Eingeben oder Löschen von Daten könnte optimiert werden. *„Es kann doch nicht sein, dass wir jetzt alle mit einem Datenbankmanagementsystem umgehen können, aber noch genauso arbeiten wie mit einem Tabellenkalkulationsprogramm“*, denkt sich Herr Hanft. *„Wofür habe ich denn damals dieses Meeting zum ER-Diagramm abgehalten, wenn ich meine Tabellen in der Software immer noch nicht in Relation (Beziehung) setzen kann? Ich glaube, es wird Zeit für eine neue vereinsinterne Fortbildung.“*

Sofort ruft er den Abteilungsleiter Herrn Ludewig an. Herr Ludewig ist nicht sehr begeistert, als Herr Hanft mit dem Wunsch nach einer solchen Fortbildung an ihn herantritt. *„Herr Hanft, ich verlange von unseren Mitarbeitern eine gewisse Selbstständigkeit. Das Thema der Relationen (Beziehungen) in Access kann sich jeder Mitarbeiter eigenständig aneignen. Ich werde zu diesem Thema eine Rundmail verfassen.“*

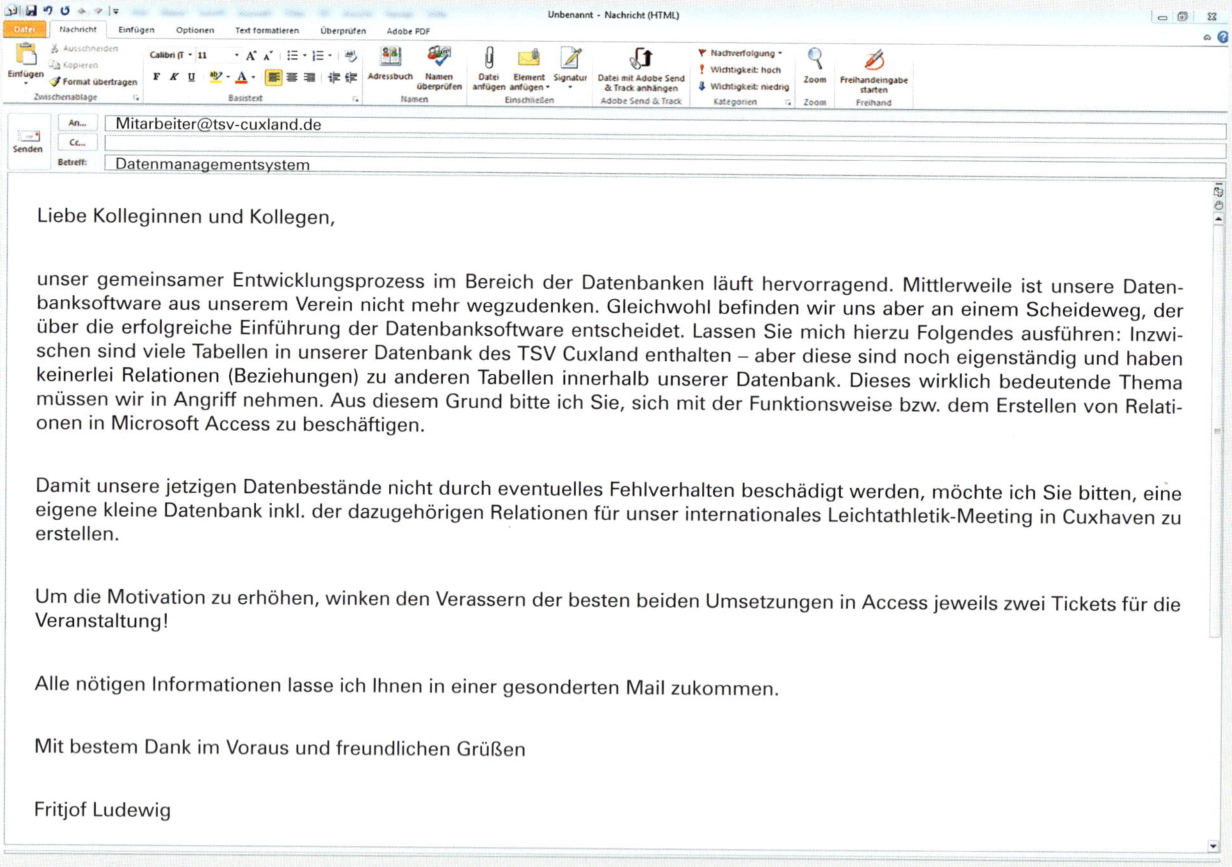

Unbenannt - Nachricht (HTML)

An... Mitarbeiter@tsv-cuxland.de

Cc...

Betreff: Datenmanagementsystem

Liebe Kolleginnen und Kollegen,

unser gemeinsamer Entwicklungsprozess im Bereich der Datenbanken läuft hervorragend. Mittlerweile ist unsere Datenbanksoftware aus unserem Verein nicht mehr wegzudenken. Gleichwohl befinden wir uns aber an einem Scheideweg, der über die erfolgreiche Einführung der Datenbanksoftware entscheidet. Lassen Sie mich hierzu Folgendes ausführen: Inzwischen sind viele Tabellen in unserer Datenbank des TSV Cuxland enthalten – aber diese sind noch eigenständig und haben keinerlei Relationen (Beziehungen) zu anderen Tabellen innerhalb unserer Datenbank. Dieses wirklich bedeutende Thema müssen wir in Angriff nehmen. Aus diesem Grund bitte ich Sie, sich mit der Funktionsweise bzw. dem Erstellen von Relationen in Microsoft Access zu beschäftigen.

Damit unsere jetzigen Datenbestände nicht durch eventuelles Fehlverhalten beschädigt werden, möchte ich Sie bitten, eine eigene kleine Datenbank inkl. der dazugehörigen Relationen für unser internationales Leichtathletik-Meeting in Cuxhaven zu erstellen.

Um die Motivation zu erhöhen, winken den Verassern der besten beiden Umsetzungen in Access jeweils zwei Tickets für die Veranstaltung!

Alle nötigen Informationen lasse ich Ihnen in einer gesonderten Mail zukommen.

Mit bestem Dank im Voraus und freundlichen Grüßen

Fritjof Ludewig

„Dem werde ich es zeigen“, denkt sich Herr Hanft, als er die Mail liest. *„Zwei Tickets gehören so gut wie mir!“*

Informieren

Bearbeiten Sie die Lernsituation mithilfe der Aufzeichnungen aus dem Unterricht oder den passenden Informationen im Anhang der Lernsituation.

siehe S. 118 ff.

Planen und Entscheiden

Für den Wettbewerb erhalten die Mitarbeiter folgende Mail von Herrn Korte:

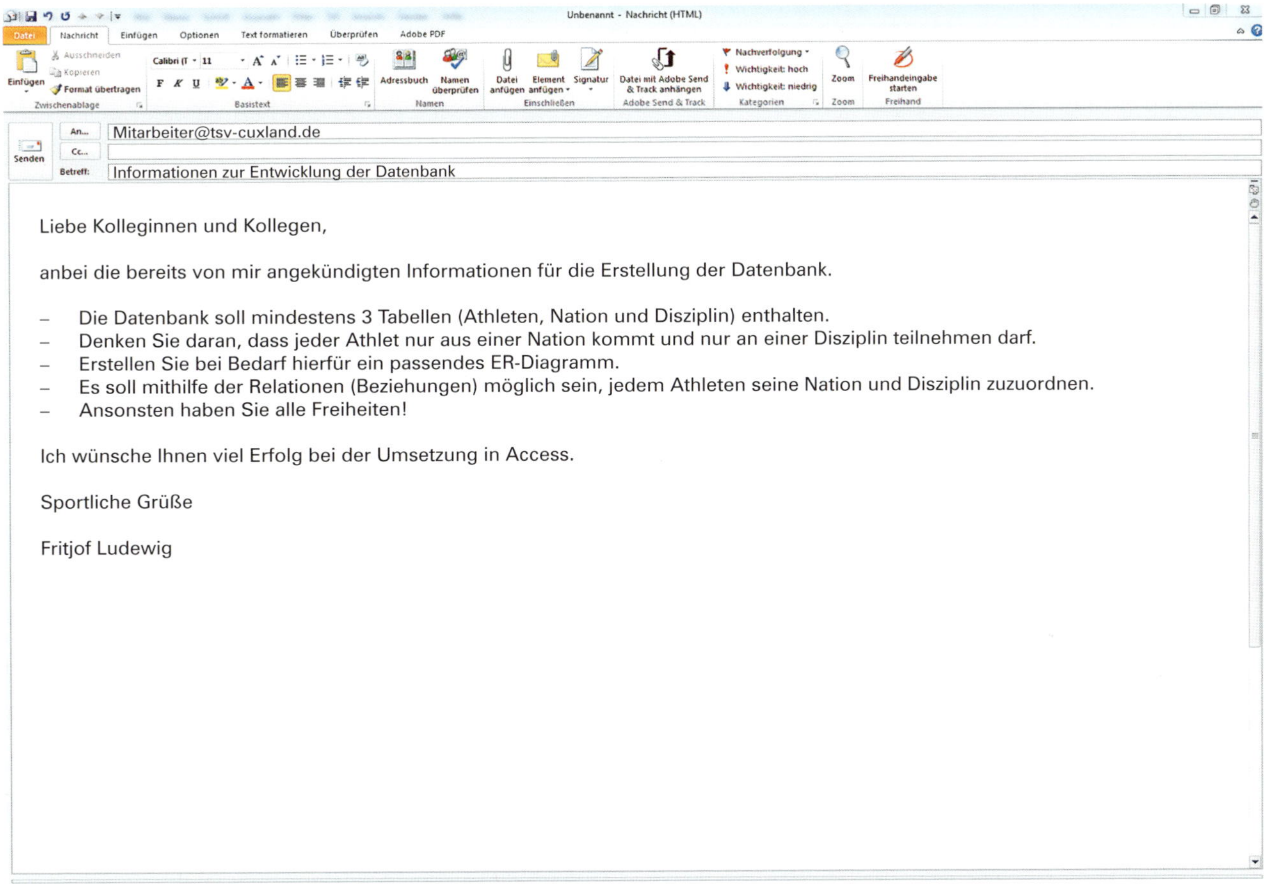

An... Mitarbeiter@tsv-cuxland.de

Cc...

Betreff: Informationen zur Entwicklung der Datenbank

Liebe Kolleginnen und Kollegen,

anbei die bereits von mir angekündigten Informationen für die Erstellung der Datenbank.

- Die Datenbank soll mindestens 3 Tabellen (Athleten, Nation und Disziplin) enthalten.
- Denken Sie daran, dass jeder Athlet nur aus einer Nation kommt und nur an einer Disziplin teilnehmen darf.
- Erstellen Sie bei Bedarf hierfür ein passendes ER-Diagramm.
- Es soll mithilfe der Relationen (Beziehungen) möglich sein, jedem Athleten seine Nation und Disziplin zuzuordnen.
- Ansonsten haben Sie alle Freiheiten!

Ich wünsche Ihnen viel Erfolg bei der Umsetzung in Access.

Sportliche Grüße

Fritjof Ludewig

1. Die Grundlage jeder Datenbank sind Tabellen. Im Idealfall besteht eine Datenbank aus mehreren Tabellen, die miteinander in Relation (Beziehung) stehen. Erstellen Sie ein passendes ER-Diagramm zu der in der Mail beschriebenen Situation.

siehe S. 33 f.

ER-Diagramm: Leichtathletik-Veranstaltung

siehe S. 72 ff.

2. Übernehmen Sie die Informationen aus Ihrem ER-Diagramm in die untenstehenden Tabellen. Überlegen Sie im ersten Schritt, wie die fertigen Tabellen in der Datenblattansicht aussehen sollen und fügen Sie fiktive Datensätze hinzu. Überlegen Sie im zweiten Schritt, welche Felddatentypen Sie auswählen müssen.

Athleten

(Es müssen nicht alle Spalten verwendet werden.)

Nation

(Es müssen nicht alle Spalten verwendet werden.)

Disziplin

(Es müssen nicht alle Spalten verwendet werden.)

Athleten

Feldname	Felddatentyp

Athleten

Nation

Feldname	Felddatentyp

Disziplin

Feldname	Felddatentyp

3. Jede der drei Tabellen muss einen Primärschlüssel enthalten. Um die Relationen zwischen Ihren Tabellen herzustellen, benötigen Sie zusätzlich in zwei Tabellen noch einen Fremdschlüssel. Geben Sie die jeweiligen Primär- und Fremdschlüssel der einzelnen Tabellen an.

siehe S. 35 ff.

Tabelle	Primärschlüssel	Fremdschlüssel

Durchführen

siehe S. 88 ff.

4. Übernehmen Sie Ihre Tabellen mithilfe Ihrer Vorplanungen in Access. Achten Sie beim Erstellen u. a. auf die Felddatentypen, Gültigkeitsregeln/-meldungen und Beschreibungen.
5. Erstellen Sie die Beziehungen zwischen den Tabellen.
6. Vervollständigen Sie Ihre Tabelle, indem Sie 15 fiktive Athleten aufnehmen, die aus mindestens 10 verschiedenen Nationen kommen und an 10 verschiedenen Leichtathletikdisziplinen teilnehmen.

Speichern nicht vergessen!

Kontrollieren, Festigen und Bewerten

7. Fügen Sie Ihrer Datenbank eine weitere Tabelle hinzu, in der die favorisierte Essgewohnheit (Fleisch, Vegetarisch, Vegan etc.) aufgeführt werden soll.
8. Binden Sie diese Tabelle sinnvoll ein.
9. Überlegen Sie, welche weiteren Tabellen Sie der Datenbank hinzufügen würden. Tauschen Sie sich mit einer anderen Person über Ihre Ergebnisse aus. Übernehmen Sie bei Bedarf weitere Tabellen mit Access.

Platz für Notizen:

15 Salih - ISBN 978-3-8120-1571-4

Aufgabensammlung

siehe S. 118 ff.

1. Erklären Sie den Unterschied zwischen Mastertabelle und Detailtabelle.

2. Erklären Sie referentielle Integrität mit Ihren Worten.

3. Die Grundlage jeder Datenbank sind Tabellen. Im Idealfall besteht eine Datenbank aus mehreren Tabellen, die miteinander in Relation (Beziehung) stehen.

siehe S. 76 f.

- Die folgende Kundentabelle soll in Access übernommen werden. Überlegen Sie im ersten Schritt, welche Felddatentypen Sie für die jeweiligen Feldnamen in Access einstellen müssen und übernehmen Sie anschließend die Tabelle in Access.
- Achten Sie beim Erstellen u. a. auf die Felddatentypen, Gültigkeitsregeln/-meldungen und Beschreibungen.

siehe S. 88 f.

Kdnr	Name	Vorname	Straße + Hausnummer	Ort	PLZ	Telefon
1	Sarpei	Hannes	Bande 13	Leverkusen	31231	(04321)341234
2	Rainaldo	Rainer	Pfauenweg 11	Bremen	26432	(91238)432412
3	Heinz	Kurt	Friedrich-Carl-Str. 9	Aurich	41231	(12342)34234234
(Neu)						

Kundentabelle	
Feldname	Felddatentyp

4. Erstellen Sie zwei weitere Tabellen (Pizzen und Bestellungen). Überlegen Sie vorab, wie die fertigen Tabellen in der Datenblattansicht aussehen sollen, und fügen Sie fiktive Datensätze hinzu. Anschließend müssen Sie für Ihre Feldnamen die passenden Felddatentypen auswählen. Bei Bedarf können Sie auch ein ER-Diagramm erstellen. Zum Schluss übernehmen Sie Ihre Tabellen in Access.

siehe S. 76 f.

Pizzen				

Feldname	Felddatentyp

Bestellungen				

Feldname	Felddatentyp

siehe S. 35 ff.

5. Zwischen den von Ihnen in Access erstellten einzelnen Tabellen bestehen noch keine Relationen (Beziehungen).

   Jede Ihrer drei Tabellen muss einen Primärschlüssel enthalten. Um die Beziehungen zwischen Ihren Tabellen herzustellen, benötigen Sie zusätzlich in zwei Tabellen noch einen Fremdschlüssel. Geben Sie die jeweiligen Primär- und Fremdschlüssel der einzelnen Tabellen an.

Tabelle	Primärschlüssel	Fremdschlüssel

6. Erstellen Sie die Beziehungen in Access und übernehmen Sie die Ansicht aus dem Beziehungsfenster von Access in Ihr Arbeitsheft.

Beziehungsfenster von Access:

Checkliste

Nr.	Ich kann ...	Gecheckt! ✔
1	... den Unterschied zwischen Master- und Detailtabelle erklären.	
2	... die Vorteile der referentiellen Integrität erklären und in Access einstellen.	
3	... die Aktualisierungs- und Löschweitergabe erklären und in Access einstellen.	
4	... Relationen (Beziehungen) in Access erstellen.	
5	... Relationen (Beziehungen) in Access nachträglich ändern oder löschen.	
6	... die Vorteile von Relationen zwischen Tabellen innerhalb einer Datenbank nachvollziehen und erklären.	

Informationen zum Lösen der Lernsituation 8 und der dazugehörigen Aufgabensammlung

Relationen erstellen

Um Relationen (Beziehungen) zwischen zwei Tabellen herzustellen, muss der Primärschlüssel der ersten Tabelle (Mastertabelle) mit dem Fremdschlüssel der zweiten Tabelle (Detailtabelle) in Beziehung gesetzt werden. Es ist darauf zu achten, dass die Schlüsselfelder den identischen Felddatentyp besitzen, da nur so eine Relation möglich ist. Diese Vorgabe besteht nicht für den Feldnamen, hier hat der Anwender die freie Wahl.

Da häufig der Felddatentyp AutoWert als Primärschlüssel gewählt wird, ist anzumerken, dass dieser auch mit dem Felddatentyp Zahl in Beziehung gesetzt werden kann. Das Erstellen der Relationen erfolgt über die Registratur Datenbanktools, in der anschließend auf das Icon „Beziehungen" geklickt wird.

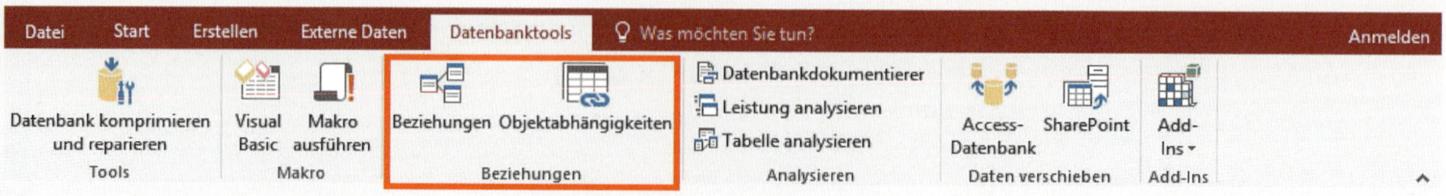

Danach besteht die Möglichkeit, die Tabellen auszuwählen, die in Relation gesetzt werden sollen. Dieses kann per drag and drop aus dem Navigationsbereich mit den Datenbankobjekten (Tabellen) erfolgen.

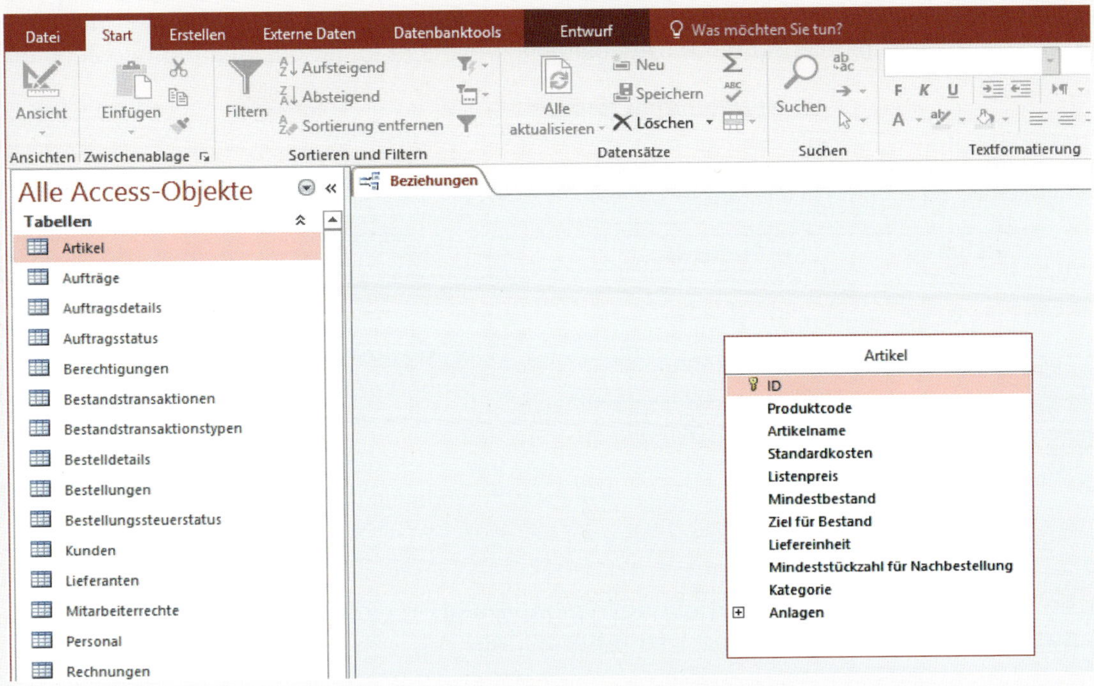

Alternativ kann auch aus dem Beziehungsfenster das passende Kontextmenü aufgerufen werden und auf „Tabelle anzeigen" geklickt werden, um so neue Tabellen hinzuzufügen.

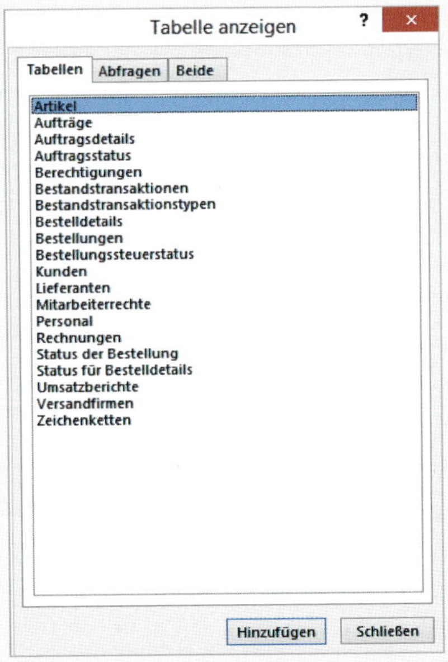

Nachdem die gewünschten Tabellen ausgewählt wurden, können per drag and drop die Schlüsselfelder (Primär- und Fremdschlüssel) miteinander in Beziehung gesetzt werden.

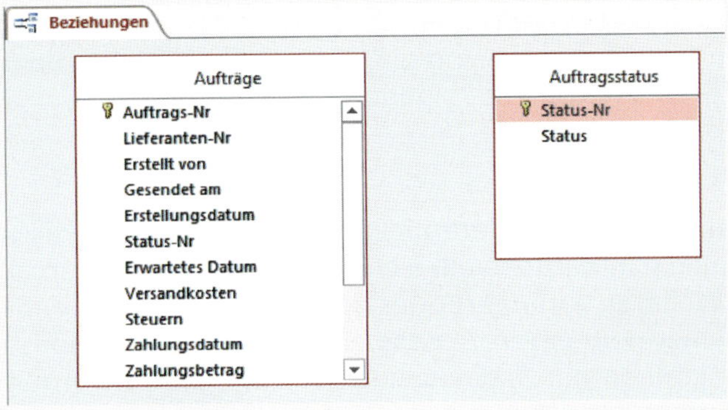

Beim Verbinden des Primärschlüssels „Status-Nr." der Tabelle Auftragsstatus (Mastertabelle) mit dem Fremdschlüssel „Status-Nr." der Tabelle Aufträge (Detailtabelle) erscheint folgendes Bearbeitungsfenster:

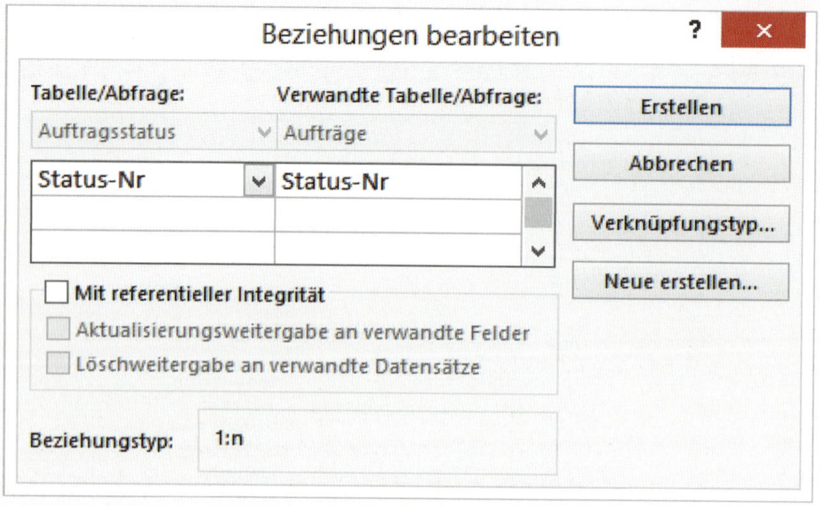

Im unteren Bereich des Fensters wird der Beziehungstyp angezeigt. In diesem Fall bestünde zwischen den Tabellen Auftragsstatus und Aufträge eine 1-zu-n-Beziehung.

Hinweis: Wie bereits erwähnt, kann Access keine n-zu-m-Beziehungen umsetzen. Sollte beispielsweise aus einem vorher entworfenen ER-Diagramm eine n-zu-m-Beziehung hervorgehen, muss diese vorher aufgelöst werden. Dieses kann mithilfe einer Verknüpfungstabelle erfolgen.

Beispiel:

Vorher:

Nachher:

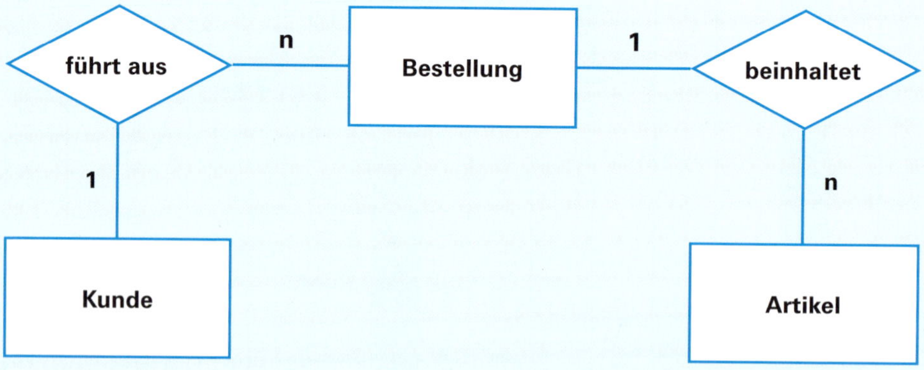

Durch einen einfachen Klick auf den Erstellen-Button wäre die Beziehung in Access umgesetzt und funktionsfähig. Dieses Vorgehen ist in der Regel aber nicht zu empfehlen, da so die Möglichkeit diverser Einstellungen und die damit verbundenen Vorteile unberücksichtigt blieben. Zu den Einstellungsmöglichkeiten in diesem Fenster zählen u. a. die folgenden Features:

■ Referentielle Integrität

Durch das Setzen eines Hakens bei „Mit referentieller Integrität" werden die weiteren Auswahlschaltflächen erst aktiv. Die referentielle Integrität stellt sicher, dass die Relationen auch funktionieren und verknüpfte Daten nicht ohne Weiteres verändert oder gelöscht werden können. Es kommt beispielsweise zu einer automatischen Fehlermeldung in Access, wenn bei der Eingabe der Fremdschlüssel Fehler unterlaufen; das heißt, es können nur Fremdschlüssel eingegeben werden, die in der Mastertabelle auch als Primärschlüssel vorhanden sind.

■ Aktualisierungsweitergabe an verwandte Felder

Die Aktualisierungsweitergabe stellt beispielsweise sicher, dass durch das Ändern von Primärschlüsseln die passenden Fremdschlüssel ebenfalls automatisch mit abgeändert werden, damit die Relationen funktionsfähig bleiben.

■ Löschweitergabe an verwandte Datensätze

Die Löschweitergabe stellt beispielsweise sicher, dass Datensätze, die in der Mastertabelle gelöscht und auf die sich Daten beziehen (Fremdschlüsseltabelle), automatisch mitgelöscht werden.

Die Beziehung ist fertig, nachdem der Haken bei der referentiellen Integrität gesetzt und auf den Erstellen-Button oder die Taste Enter gedrückt wurde.

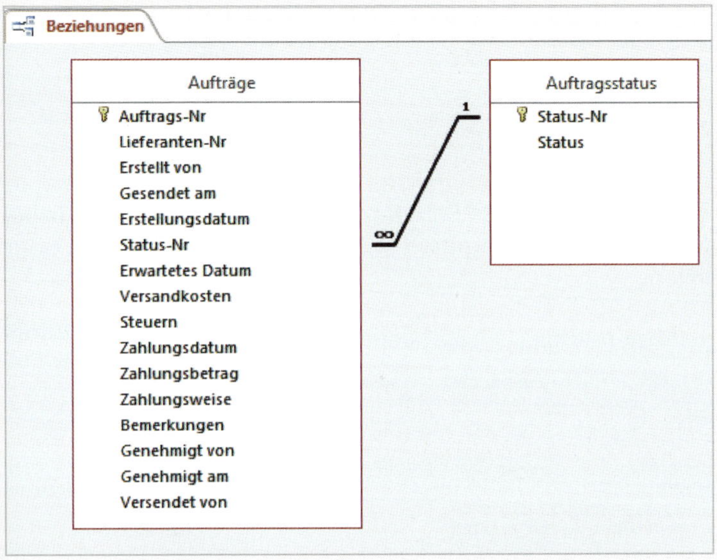

(Access symbolisiert anstatt n-zu-1 ein unendlich-zu-1)

Hinweis: Erst durch das Aktivieren der referentiellen Integrität wird die Kardinalität an den Linien bei Access sichtbar.

So entsteht Stück für Stück ein komplexeres Beziehungsgeflecht.

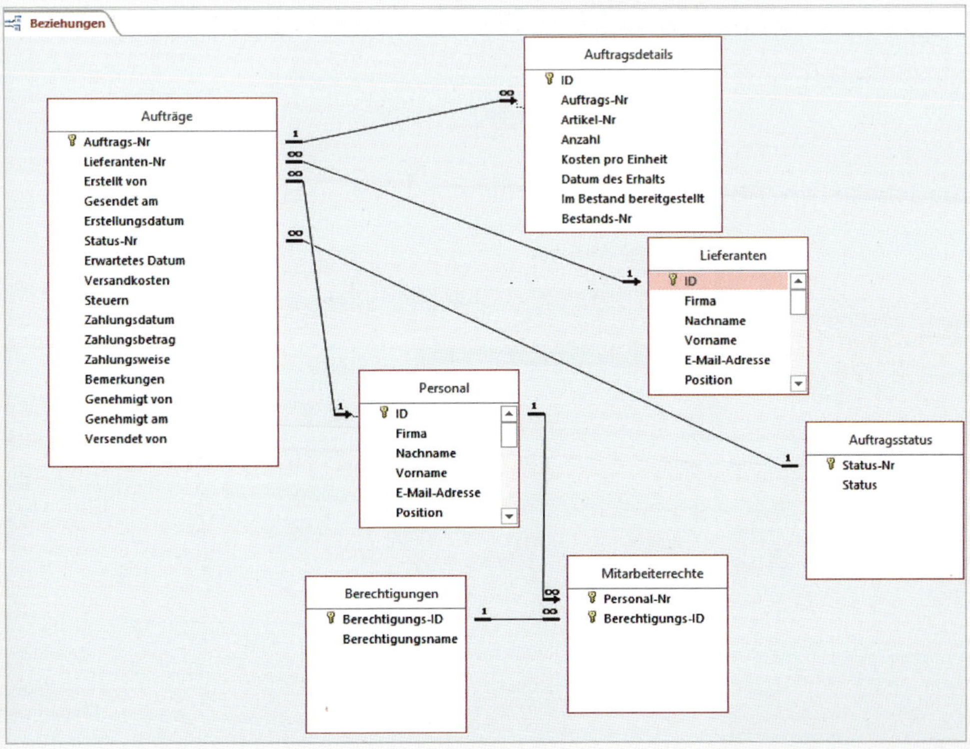

Hinweis: Durch einen Doppelklick auf eine Beziehungslinie kann diese Beziehung nachträglich bearbeitet werden. Das Entfernen der Linien erfolgt über das Kontextmenü oder die Entf-Taste.

16 Salih - ISBN 978-3-8120-1571-4

In der Datenblattansicht erhaltenen Tabellen, die in Relation gesetzt wurden, ein kleines Plus vor jedem Datensatz. Durch einen Klick auf dieses Plus werden die Daten aus der mit der Mastertabelle verbundenen Detailtabelle angezeigt. Es besteht auch die Möglichkeit, bei den oben beschriebenen Einstellungen Veränderungen vorzunehmen. Das Bearbeiten, Löschen oder Hinzufügen von Daten in der Datenblattansicht hat sich durch die Relationen nicht verändert.

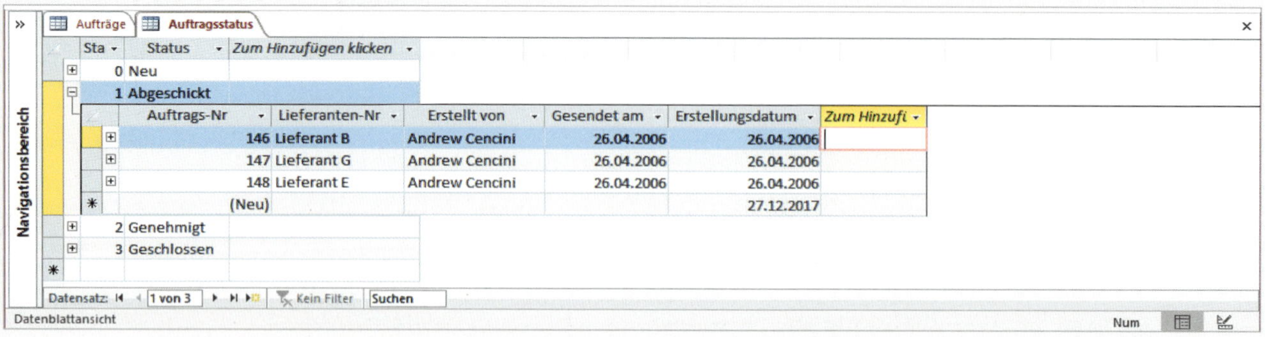

Hinweis: Das Erstellen einer Relation in Access kann auch mithilfe des Nachschlage-Assistenten erfolgen, welchen der Datenbankuser beispielsweise als Felddatentyp für den Fremdschlüssel wählen kann. Hierfür muss der Punkt, „Das Nachschlagefeld soll die Werte einer Tabelle oder Abfrage entnehmen" angeklickt werden.

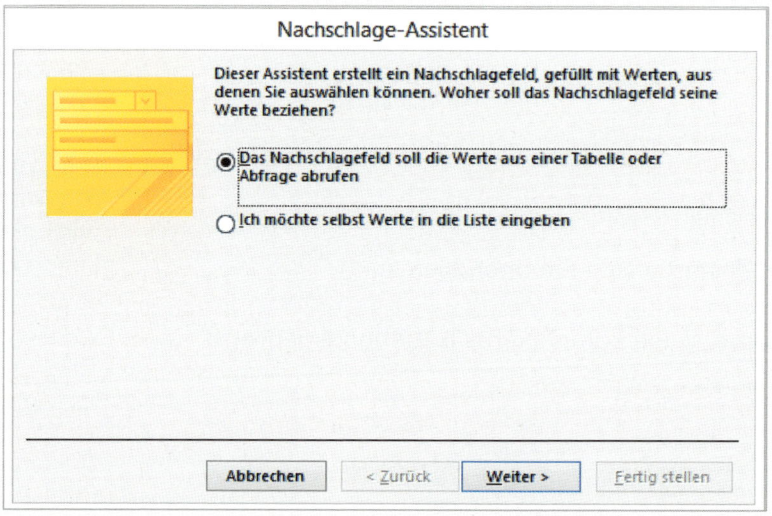

Anschließend lässt sich die Tabelle bzw. Abfrage oder sogar die Kombination aus beidem auswählen.

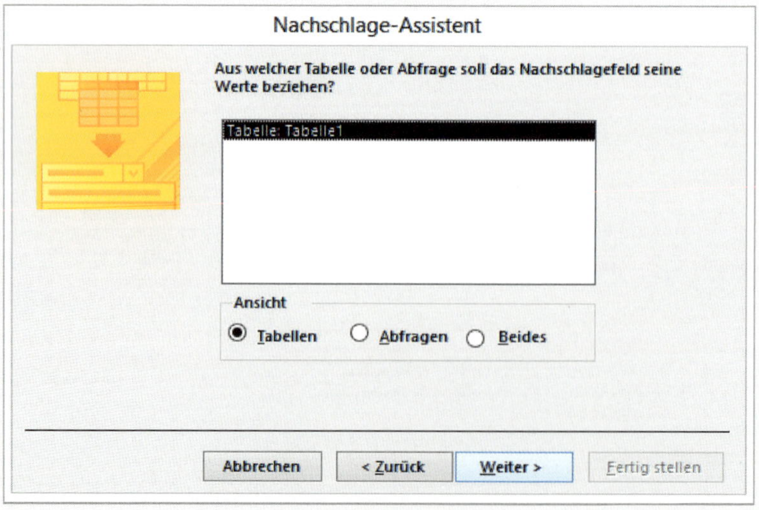

Im weiteren Verlauf kann den voreingestellten Anweisungen von Access gefolgt werden oder bei Bedarf noch Änderungen vorgenommen werden.

Lernsituation 9: Abfragen und Filter erstellen

Für die Mitarbeiter des TSV Cuxland stellt das Erstellen von Datenbanken mit Access kein Problem mehr dar. Auch das Entwerfen von Formularen und Berichten geht den Mitarbeitern leicht und locker von der Hand. Dennoch sind einige von ihnen beim tagtäglichen Arbeiten mit den fertigen Tabellen des TSV Cuxland genervt.

Mitglieder

Mitgliedsnummer	Name	Vorname	Straße + Hausnummer	PLZ	Ort	Geburtsdatum	Telefon	E-Mail
1	Müller	R.	Sportweg 9	27472	Cuxhaven	22.05.1978	(12345)555555	mueller@XXX.XX
2	Imken	H.	Faulstraße 7	27624	Bad Bederkesa	07.11.1972	(54321)444444	imken@XXX.XX
3	Böhm	S.	Am Bolzplatz 11	21762	Otterndorf	04.09.1964	(32417)333333	boehm@XXX.XX

(Auszug aus einer Mitgliedertabelle des TSV Cuxland)

„Mühsam“, stöhnt Herr Liebenthron. *„Immer muss ich jede einzelne Information in stundenlanger Kleinarbeit heraussuchen. Es muss doch beispielsweise eine Möglichkeit geben, alle Mitglieder, die unter 18 Jahre alt sind, automatisch heraussuchen zu lassen. Vor allem ändert sich das Ganze auch noch von Jahr zu Jahr, dann kann ich nächstes Jahr alles nochmal machen. Wenn das nicht verschenkte Arbeitszeit ist, dann weiß ich es auch nicht!“,* ärgert er sich.

Informieren

siehe S. 130 ff.

Bearbeiten Sie die Lernsituation mithilfe der Aufzeichnungen aus dem Unterricht oder den passenden Informationen im Anhang der Lernsituation.

Planen und Entscheiden

1. Erstellen Sie für das Vereinsheim in Cuxhaven eine eigenständige Artikeltabelle in der später die Lebensmittel und die Getränke aufgelistet sind.

   Die Artikeltabelle soll folgende Attribute/Feldnamen enthalten:

   - Artikelnummer
   - Kategorie (Getränk oder Lebensmittel)
   - Artikelname
   - Preis
   - Bestand.

   Übernehmen Sie Ihre Artikeltabelle in Access und fügen Sie der Tabelle 10 fiktive Datensätze hinzu.

2. Überlegen Sie sich zu jedem Attribut eine passende Abfrage. Formulieren Sie hierfür im ersten Schritt Ihr Ziel, welches Sie mit der Abfrage verfolgen möchten, und im zweiten Schritt die jeweils passende Syntax.

Artikelnummer
Ziel:
Syntax:

Kategorie (Getränk oder Lebensmittel)
Ziel:
Syntax:

Artikelname
Ziel:
Syntax:

Preis
Ziel:
Syntax:

Bestand
Ziel:
Syntax:

Durchführen

3. Führen Sie die Abfragen in Access durch. Speichern Sie Ihre Abfragen unter einem passenden Namen und korrigieren Sie bei Bedarf Ihre Einstellungen.
4. Versuchen Sie Ihre Ergebnisse der einzelnen Abfragen nur mit dem Einsatz eines Filters zu erreichen.

Platz für Notizen:

Kontrollieren, Festigen und Bewerten

siehe S. 131 ff

5. Überlegen Sie sich zu der von Ihnen erstellten Artikeltabelle fünf weitere mögliche Abfragen. Schreiben Sie aber nur die Ziele auf, welche Sie mit der Abfrage verfolgen möchten. Lassen Sie anschließend eine andere Person eine passende Syntax zu Ihren Zielen entwerfen. Stellen Sie der anderen Person Ihre Tabelle zur Verfügung.

Artikelnummer
Ziel:
Syntax:

Kategorie (Getränk oder Lebensmittel)
Ziel:
Syntax:

Artikelname
Ziel:
Syntax:

Preis
Ziel:
Syntax:

Bestand
Ziel:
Syntax:

6. Überlegen Sie, ob die jeweilige Syntax richtig formuliert bzw. erstellt worden ist. Suchen Sie gegebenenfalls nach Alternativen. Geben Sie der anderen Person ein angemessenes Feedback.

Aufgabensammlung

1. Überlegen Sie, zu welchen Attributen/Feldnamen aus der Einstiegssituation sich sinnvolle Abfragen/Filter erstellen lassen. Begründen Sie kurz Ihre Entscheidungen. siehe S. 130 f

2. Übernehmen Sie die folgende Tabelle in Access:

Artikel

Artikelnr	Artikelname	Listenpreis	Mindestbestand	Ziel für Bestand	Kategorie
1	Metro Traders Chai	18,00 €	10	40	Getränke
2	Metro Traders Syrup	10,00 €	25	100	Gewürze
3	Metro Traders Cajun Seasoning	22,00 €	10	40	Gewürze
4	Metro Traders Olive Oil	21,35 €	10	40	Öl
5	Metro Traders Boysenberry Spread	25,00 €	25	100	Marmelade, Konfitüre
6	Metro Traders Dried Pears	30,00 €	10	40	Trockenfrüchte & Nüsse
7	Metro Traders Curry Sauce	40,00 €	10	40	Saucen
8	Metro Traders Walnuts	23,25 €	10	40	Trockenfrüchte & Nüsse
9	Metro Traders Fruit Cocktail	39,00 €	10	40	Obst- & Gemüsekonserven
10	Metro Traders Chocolate Biscuits Mix	9,20 €	5	20	Backwaren & Backmischungen

3. Führen Sie folgende Abfragen an der Tabelle durch und übernehmen Sie die Syntax ins Arbeitsheft.

a) Es sollen alle Gewürze angezeigt werden

Syntax:

b) Es sollen nur Listenpreise zwischen 10 Euro und 25 Euro angezeigt werden

Syntax:

c) Eine Parameterabfrage zur Eingabe der Artikelnummer

Syntax:

d) Ein berechnetes Feld (Der Mindestbestand für den Sommer soll um 10 höher sein, als der aktuelle Mindestbestand)

Syntax:

4. Überlegen Sie, welche der oben durchgeführten Abfragen sich auch mit einem Filter realisieren lassen. Begründen Sie Ihre Entscheidung.

Abfrage	Begründung
a)	
b)	
c)	
d)	

5. Beschreiben Sie anhand eines Beispiels, welchen Vorteil Abfragen gegenüber Filtern haben.

____

____

____

____

____

____

Checkliste

Nr.	Ich kann ...	Gecheckt! ✔
1	... die Vor- und Nachteile von Filtern und Abfragen nennen und erklären.	
2	... verschiedene Filtermethoden in Access anwenden.	
3	... Auswahlabfragen in Access erstellen und ausführen.	
4	... Parameterabfragen in Access erstellen und ausführen.	
5	... Abfragen mit berechneten Feldern in Access erstellen und ausführen.	
6	... Aktionsabfragen in Access erstellen und ausführen.	

17 Salih - ISBN 978-3-8120-1571-4

Informationen zum Lösen der Lernsituation 9 und der dazugehörigen Aufgabensammlung

1 Filter erstellen

Für das genaue Auswählen bzw. Herausfiltern von Daten und Datensätzen stellt Access dem Anwender verschiedene Filtermethoden bereit. In der Startregistratur befindet sich die Gruppe Sortieren und Filtern, über die je nach Situation der passende Filter ausgewählt werden kann.

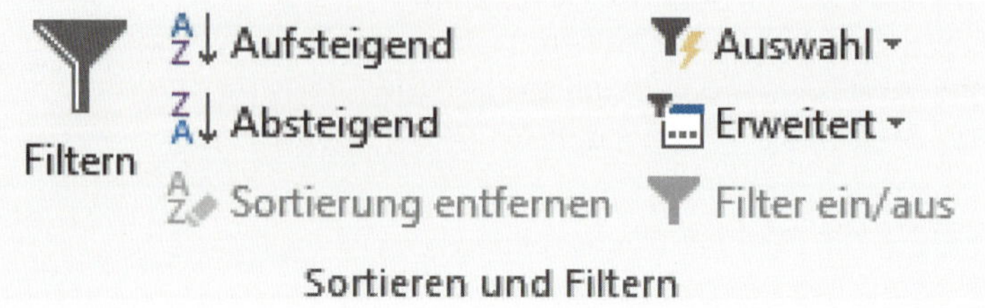

Standardfilter und Sortieren

Der Standardfilter kann neben dem Sortieren von Daten bzw. Datensätzen auch bestimmte Daten und Datensätze ein- und ausblenden lassen. Hierfür bedarf es der Setzung einfacher Haken. Vorab muss der gewünschte Bereich markiert sein und auf das Filternsymbol (Filtern) geklickt werden.

Beispiel:

Artikel

ID	Produktcode	Artikelname	Listenpreis
1	NWTB-1	Northwind Traders Chai	18,00
3	NWTCO-3	Northwind Traders Syrup	10,00
4	NWTCO-4	Northwind Traders Cajun Seasoning	22,00
5	NWTO-5	Northwind Traders Olive Oil	21,35
6	NWTJP-6	Northwind Traders Boysenberry Spre	25,00
7	NWTDFN-7	Northwind Traders Dried Pears	30,00
8	NWTS-8	Northwind Traders Curry Sauce	40,00
14	NWTDFN-14	Northwind Traders Walnuts	23,25
17	NWTCFV-17	Northwind Traders Fruit Cocktail	39,00

Auswahlbasierender Filter

Der auswahlbasierende Filter hilft, bestimmte Daten bzw. Datensätze aufgrund einer bestimmten Kriterienauswahl einfacher zu finden. Hierfür muss der entsprechende Bereich markiert sein und der auswahlbasierende Filter angeklickt werden.

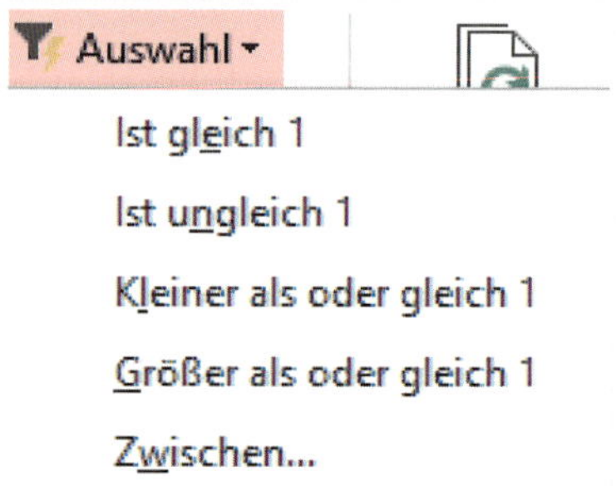

■ Formularbasierender Filter

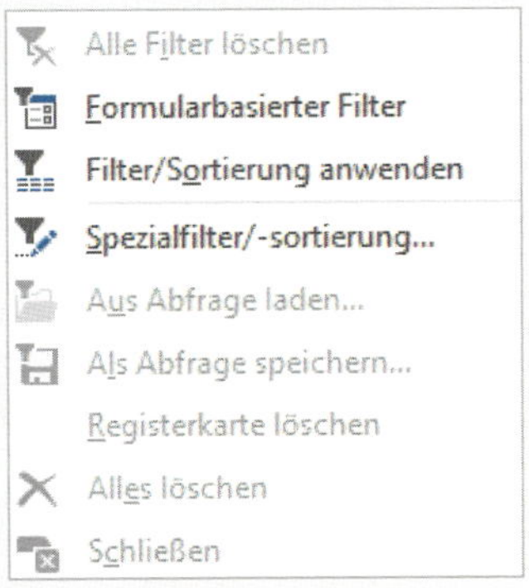

Der formularbasierende Filter zeigt nur Datensätze an, die aus der gesamten Tabelle bzw. dem Formular herausgefiltert wurden. Des Weiteren können mehrere Filterkriterien eingegeben werden, sodass noch spezieller und gezielter nach bestimmten Daten und Datensätzen gesucht werden kann. Hierfür muss der entsprechende Bereich markiert sein und auf das Icon „Erweitert" geklickt werden, anschließend kann der formularbasierte Filter ausgewählt werden.

Hinweis: Filter lassen sich nicht speichern. Somit muss der Filter nach jedem Öffnen der Tabelle oder des Formulars neu eingegeben werden. Mithilfe von Abfragen lassen sich ebenfalls Daten und Datensätze herausfiltern; der Vorteil gegenüber dem normalen Filtern ist die Möglichkeit der Speicherung der Ergebnisse.

2 Abfragen erstellen

Abfragen können über einzelne Tabellen oder über mehrere Tabellen, wenn z. B. Relationen bestehen, erfolgen. Neben dem Vorteil des Abspeicherns von Abfragen gegenüber der Filterfunktion gibt es eine Reihe von weiteren Vorteilen, die sich aus den verschiedenen Abfragetypen ergeben. Das Erstellen einer Abfrage erfolgt über die Multifunktionsleiste und die Erstellen-Registratur. Anschließend bietet sich die Möglichkeit, innerhalb der Gruppe die folgenden zwei Punkte zu wählen:

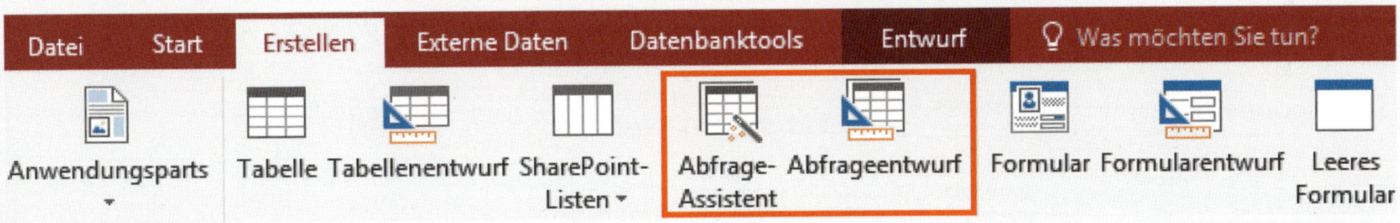

■ Abfrage-Assistent

Der Abfrage-Assistent unterstützt den Anwender Schritt für Schritt bei der Erstellung der gewünschten Abfrage. Es können gezielt Daten ausgewählt werden, um im weiteren Verlauf die passenden Parameter einzustellen.

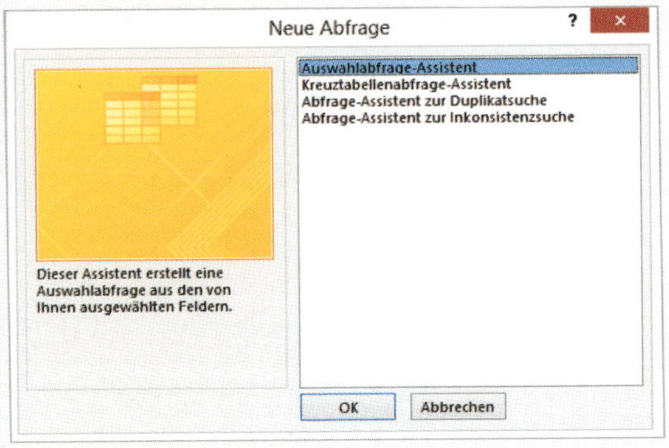

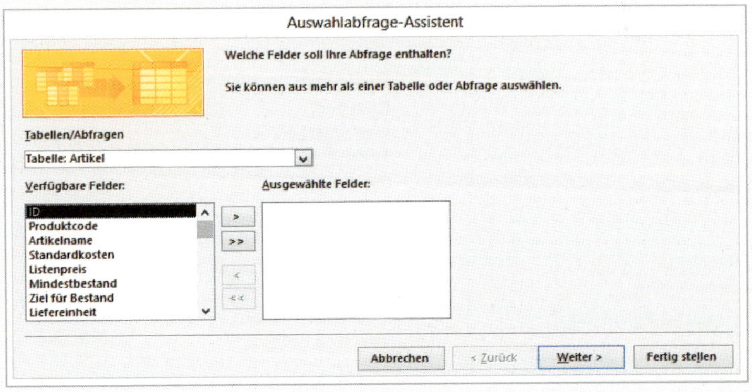

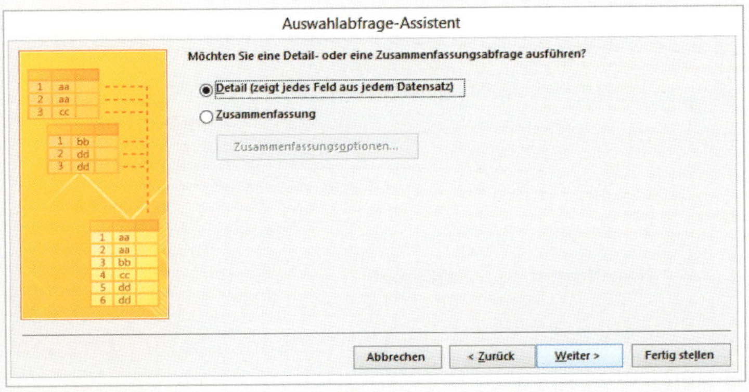

Im letzten Schritt wird der Name, unter dem die Abfrage gespeichert wird, vergeben. Zusätzlich kann hier die Entscheidung getroffen werden, ob die Ergebnisse der Abfrage direkt angezeigt oder weitere Einstellungen bzw. Änderungen im Abfrageentwurf vorgenommen werden sollen.

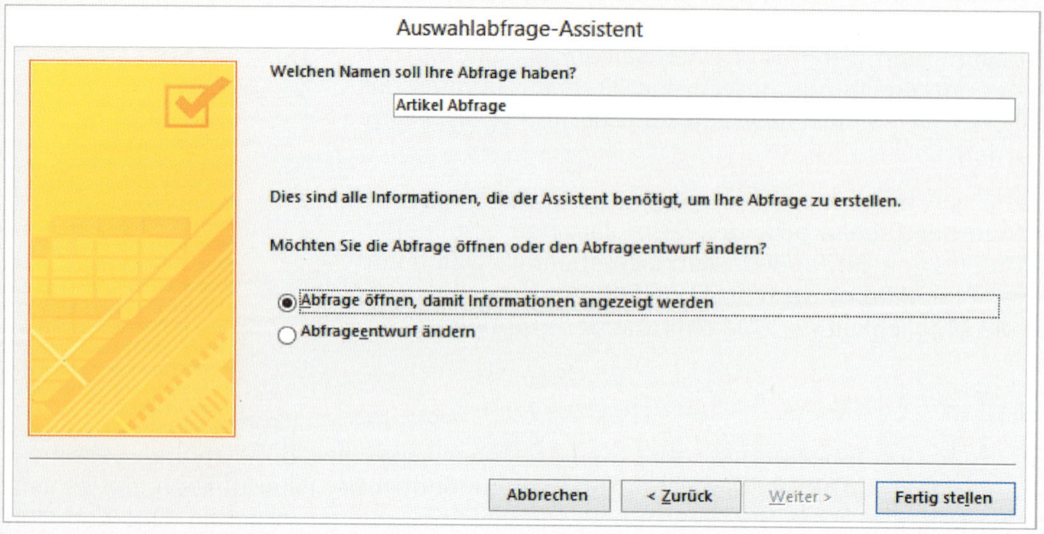

■ Abfrageentwurf

Beim Abfrageentwurf landet der Anwender direkt in der Entwurfsansicht der Abfrage. Es müssen beispielsweise alle Tabellen und Datenfelder manuell per drag and drop ausgewählt werden. Es lassen sich auch bereits erstellte Abfragen öffnen und bearbeiten.

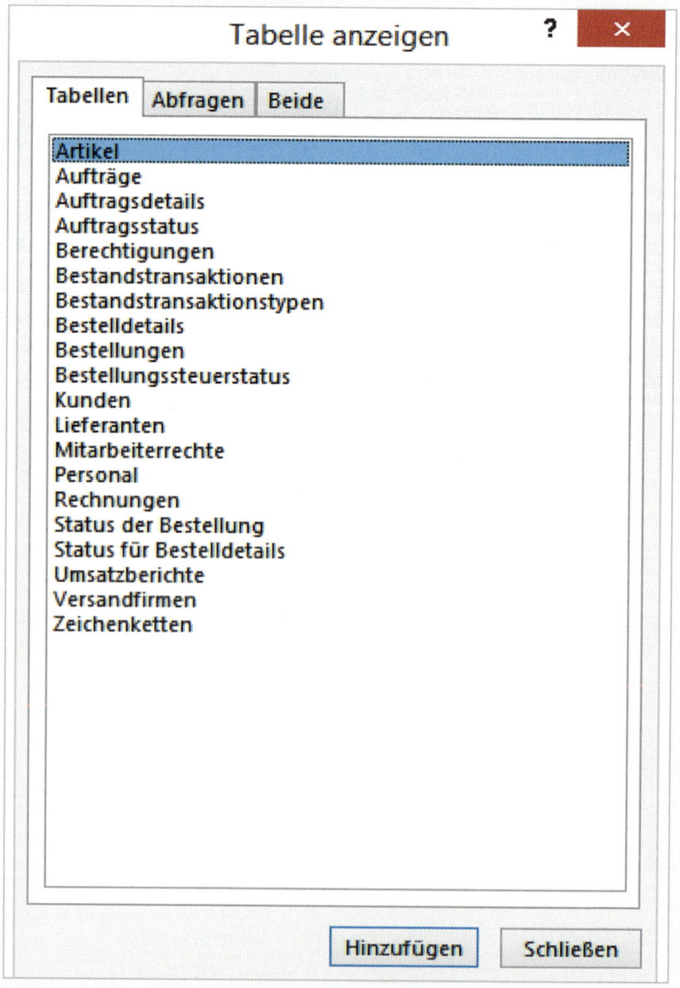

Das eigentliche Erstellen der Abfrage erfolgt bei beiden Methoden in der Entwurfsansicht für Abfragen. Hierfür springt die Registratur automatisch auf den Punkt Entwurf und es ergeben sich neue Möglichkeiten.

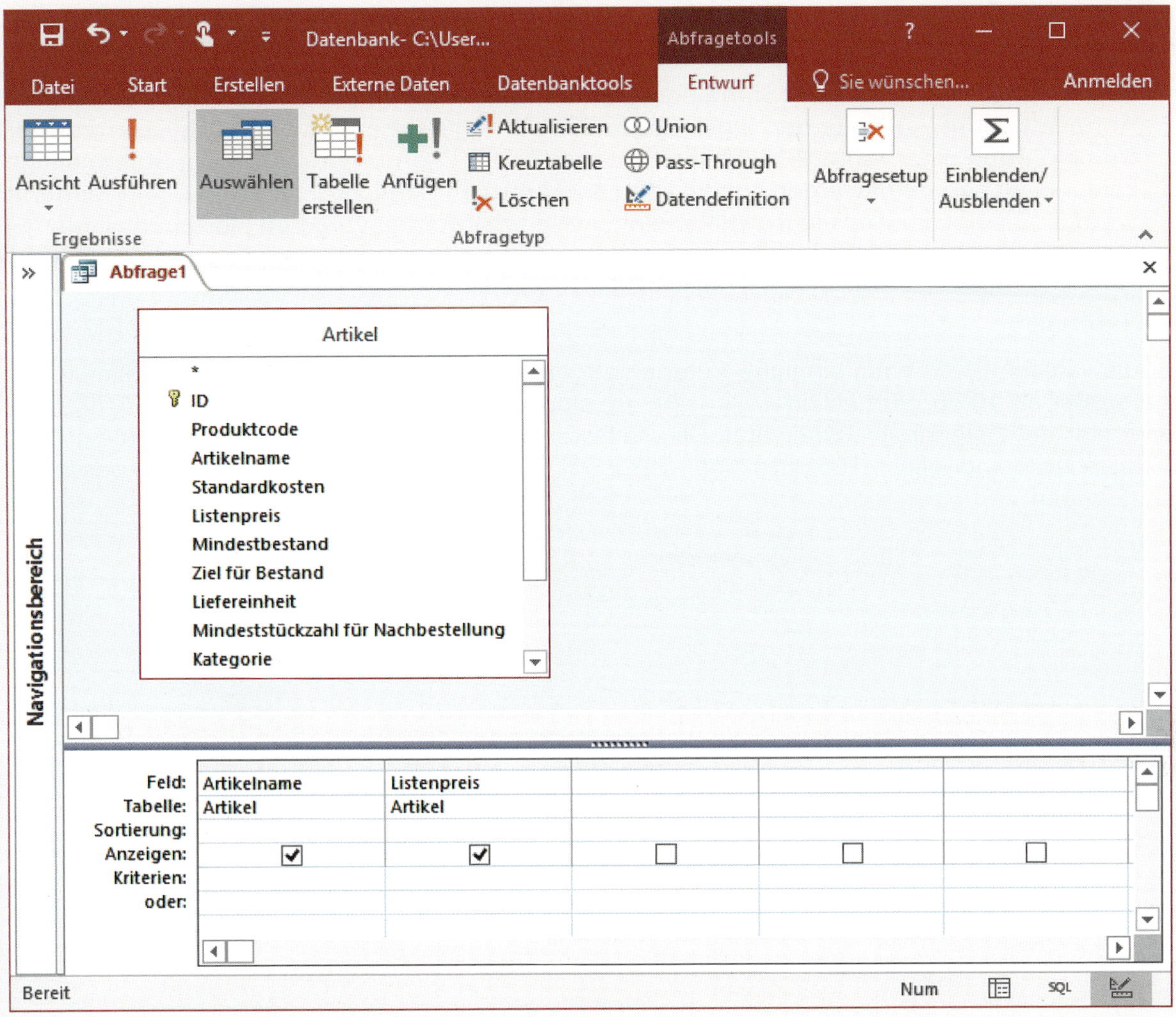

Im ersten Schritt werden von den zuvor ausgewählten Tabellen oder Abfragen die Felder ausgewählt, zu denen eine Abfrage durchgeführt werden soll: In diesem Beispiel der Artikelname und der Listenpreis. Das Auswählen der gewünschten Felder kann per drag and drop oder Doppelklick vollzogen werden. Im nächsten Schritt erfolgt beispielsweise die Eingabe der Kriterien (siehe Abfragetypen).

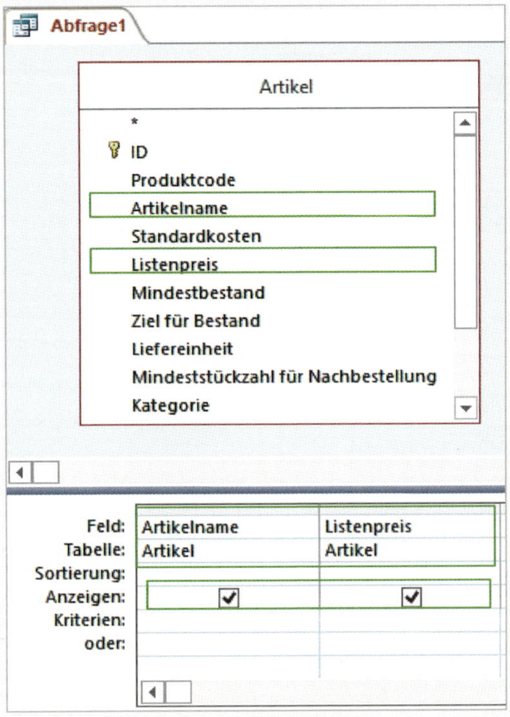

Im weiteren Verlauf dieses Abschnittes werden die verschiedenen Abfragetypen und deren Funktion genauer vorgestellt.

Hinweis: Durch das Auswählen des * (Sternchens) werden automatisch alle Felder einer Tabelle bzw. Abfrage bei der Ausgabe der Ergebnisse einer Abfrage angezeigt. Somit müssen vor der Durchführung einer Abfrage nicht alle Felder mühsam übernommen werden. Sofern einige Felder nicht angezeigt werden sollen, kann der Haken im Bereich Anzeigen per Klick entfernt werden. Die bei diesen Feldern später eingegebenen Kriterien verlieren hierdurch allerdings nicht ihre Funktion.

■ Auswahlabfragen

Mit einer Auswahlabfrage können einfache Kriterien abgefragt werden, wie beispielsweise alle Listenpreise, die größer als 10 Euro und kleiner als 100 Euro sind. Hierfür wurden aus der Tabelle Artikel der Artikelname und der Listenpreis ausgewählt. Da alle Listenpreise angezeigt werden sollen, die größer gleich 10 Euro und kleiner gleich 100 Euro sind, wurde im Feld Kriterien beim Listenpreis die passende Syntax eingegeben.

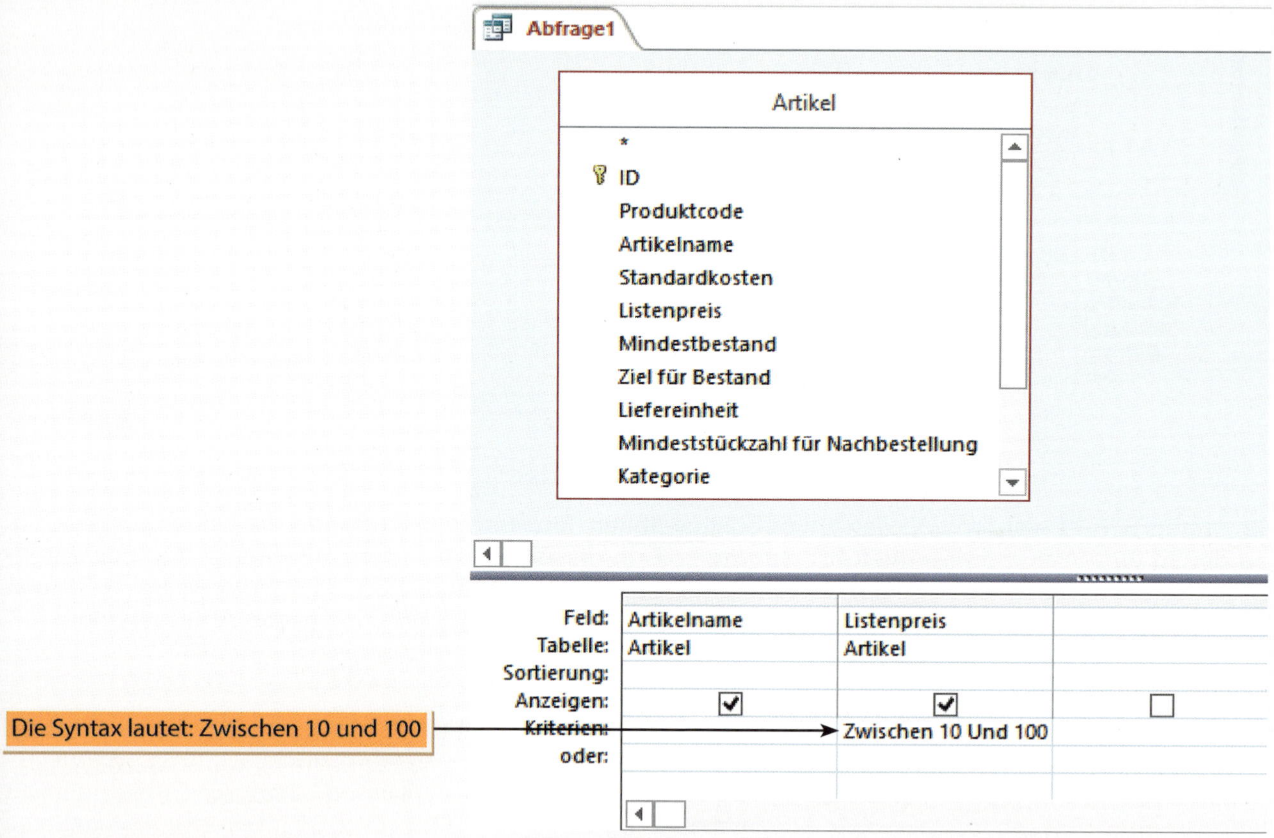

Um die Abfrage auszuführen, bedarf es eines Klicks auf das rote Ausführungszeichen in der Gruppe „Ergebnisse“.

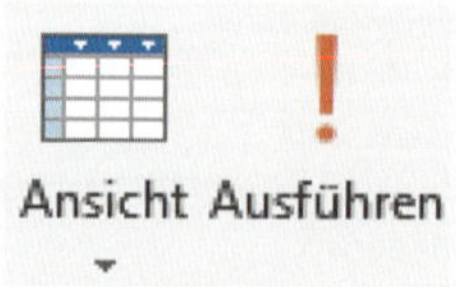

Die Ergebnisse werden daraufhin in der Datenblattansicht angezeigt:

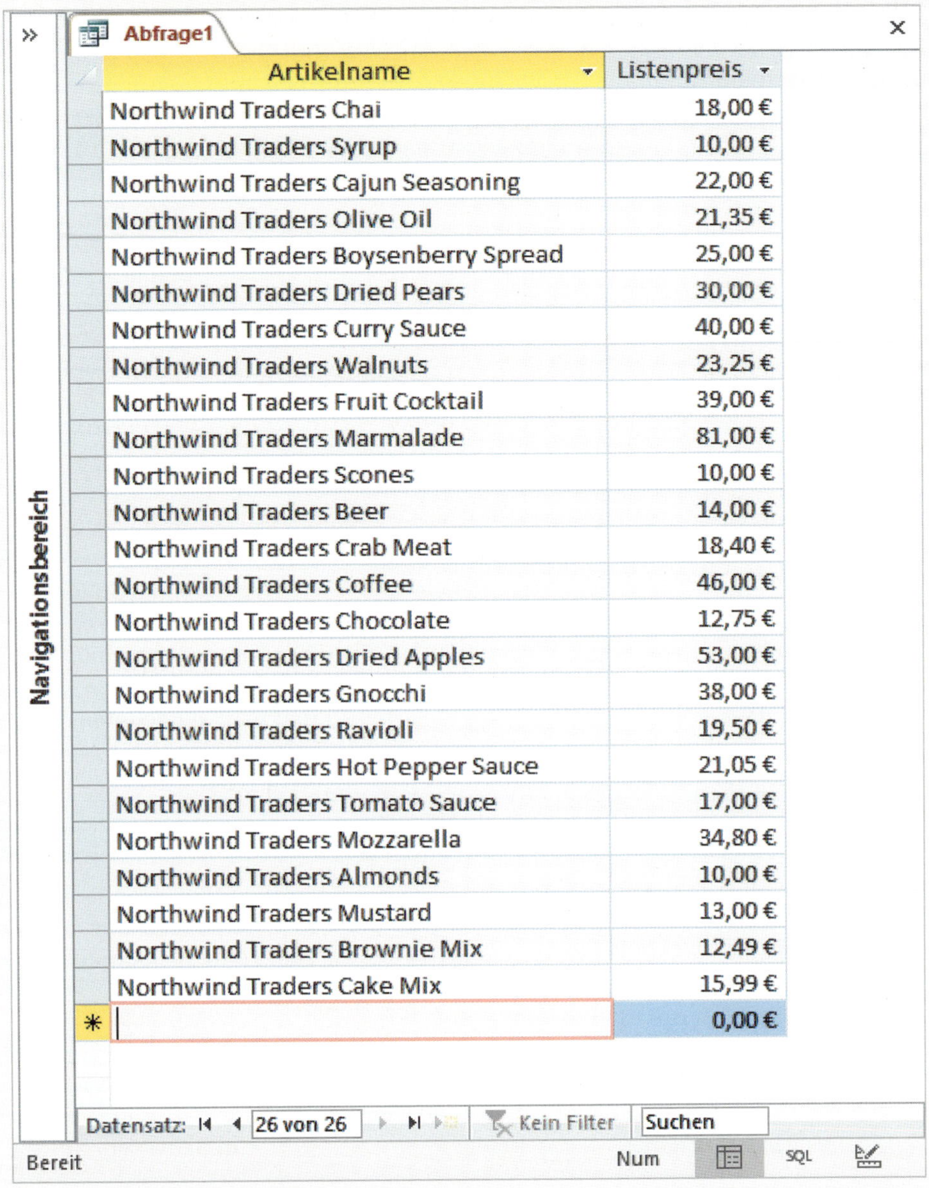

Artikelname	Listenpreis
Northwind Traders Chai	18,00 €
Northwind Traders Syrup	10,00 €
Northwind Traders Cajun Seasoning	22,00 €
Northwind Traders Olive Oil	21,35 €
Northwind Traders Boysenberry Spread	25,00 €
Northwind Traders Dried Pears	30,00 €
Northwind Traders Curry Sauce	40,00 €
Northwind Traders Walnuts	23,25 €
Northwind Traders Fruit Cocktail	39,00 €
Northwind Traders Marmalade	81,00 €
Northwind Traders Scones	10,00 €
Northwind Traders Beer	14,00 €
Northwind Traders Crab Meat	18,40 €
Northwind Traders Coffee	46,00 €
Northwind Traders Chocolate	12,75 €
Northwind Traders Dried Apples	53,00 €
Northwind Traders Gnocchi	38,00 €
Northwind Traders Ravioli	19,50 €
Northwind Traders Hot Pepper Sauce	21,05 €
Northwind Traders Tomato Sauce	17,00 €
Northwind Traders Mozzarella	34,80 €
Northwind Traders Almonds	10,00 €
Northwind Traders Mustard	13,00 €
Northwind Traders Brownie Mix	12,49 €
Northwind Traders Cake Mix	15,99 €
*	0,00 €

Hinweis: Die Eingabe der Syntax kann in der Regel vereinfacht erfolgen. Die Groß- und Kleinschreibung passt Access automatisch an. Auch werden teilweise Funktionsoperatoren oder die bei der Abfrage von Text notwendigen Anführungszeichen (Tastatursatzzeichen) automatisch hinzugefügt (siehe auch Gültigkeitsregeln).

Soll die Abfrage verändert, erweitert oder bearbeitet werden, genügt ein Klick auf die Schaltfläche der Entwurfsansicht.

Wie bei den Gültigkeitsregeln, stehen für die Abfragen eine Vielzahl an logischen Operatoren, Funktionsoperatoren und Platzhalter-Zeichen zur Verfügung:

Logischer Operator	Bedeutung
=	gleich
<>	ungleich
>	größer
<	kleiner
>=	größer oder gleichgroß
<=	kleiner oder gleichklein
UND / &	Verbindungsoperator
ODER	eine der Bedingungen muss erfüllt sein
NICHT	darf nicht eingegeben werden

Funktionsoperator	Bedeutung
ZWISCHEN	zwischen zwei Werten
IN()	sucht einen bestimmten Wert
WIE	Vergleich
TAG()	genauer Tag
MONAT()	genauer Monat
JAHR()	genaues Jahr
DATUM()	genaues Datum

Platzhalterzeichen	Bedeutung
*	beliebig viele Zeichen
?	genau ein Zeichen
#	genau ein numerisches Zeichen

Hinweis: Die logischen Operatoren sowie die Funktionsoperatoren lassen sich zum großen Teil nur zu den entsprechend passenden Felddatentypen anwenden. Allerdings können die Operatoren in der Regel miteinander kombiniert werden.

■ Parameterabfragen

Die Parameterabfrage ermöglicht die Eingabe eines bestimmten Kriteriums in Form eines Popupfensters. Dadurch kann ein Datenbankuser, der beispielsweise nicht computeraffin ist, sein Kriterium benutzerfreundlich eingeben. Ein weiterer Vorteil ist, dass verschiedene Kriterien eingegeben werden können, ohne die komplette Abfrage zu ändern.

Beispiel:

Bei der Suche nach einem bestimmten Artikel ist es empfehlenswert, eine Parameterabfrage zu erstellen, da sich der gesuchte Artikel im Laufe der Zeit ändern kann.

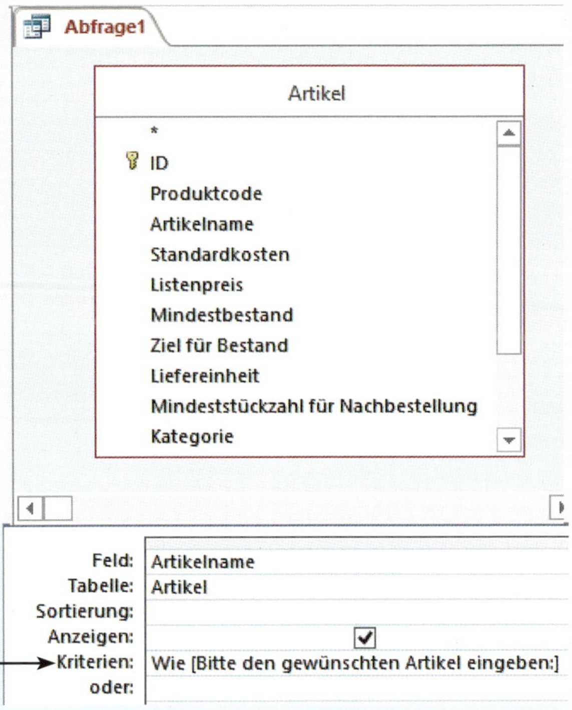

Die Syntax lautet: Wie [...]

Der Text, der in die eckige Klammer geschrieben wird, hat keine Bedeutung für die Syntax. Er dient lediglich der Information für den Datenbankanwender, damit dieser weiß, welche Parameter er eingeben kann bzw. soll.

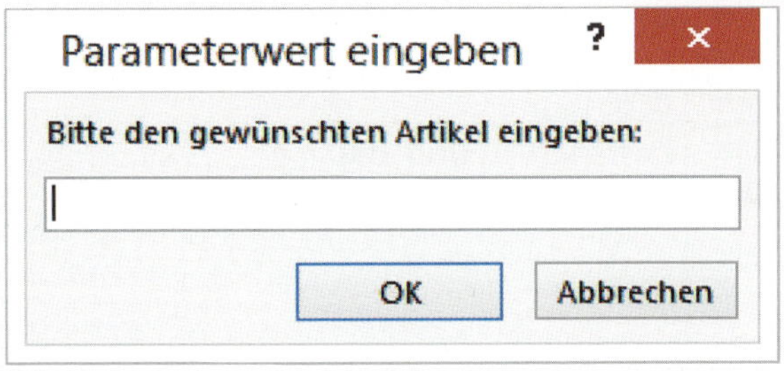

Wird in diesem Popupfenster ein bestimmter Artikel eingegeben, wird auch nur dieser Artikel in der Datenblattansicht angezeigt.

■ Aktionsabfragen

Durch eine Aktionsabfrage wird eine bestimmte Aktion ausgeführt. Folgende Optionen stehen zur Verfügung:

Aktionsabfrage	Bedeutung
Tabellenerstellung	Es wird eine neue Tabelle erstellt.
Anfügen	Es werden die Ergebnisse einer Abfrage an das Ende einer ausgewählten Tabelle gehängt.
Löschen	Es werden gezielt Daten bzw. Datensätze innerhalb einer Tabelle gelöscht.
Aktualisierung	Es werden ausgewählte Daten aktualisiert.
Kreuztabelle	Es werden Daten aus zwei Spalten über Kreuz dargestellt und Redundanzen automatisch entfernt. Es entsteht somit eine Matrix aus Zeilen und Spalten (Kreuz).

18 Salih - ISBN 978-3-8120-1571-4

Die Eingabe der Syntax ist mit denen der Auswahlabfrage identisch bzw. Access leitet schrittweise zum Ergebnis. Die Aktionsabfragen lassen sich ganz einfach über die entsprechenden Icons in der Abfrageregistratur auswählen.

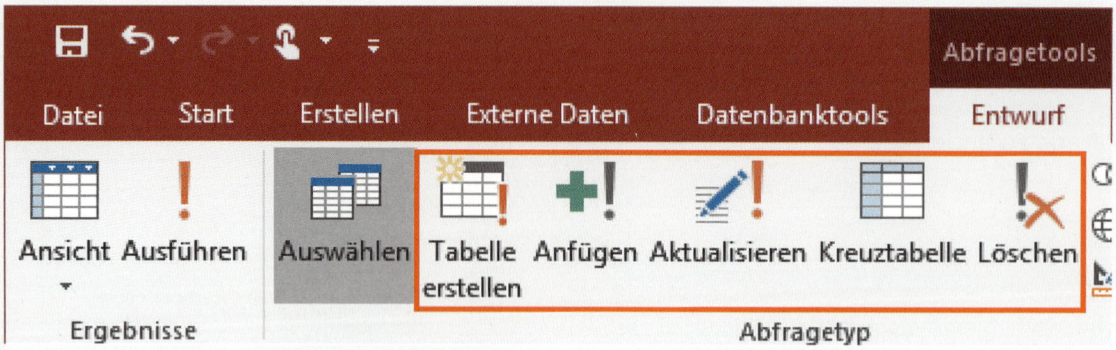

Beispiel:

Durch das Auswählen des Abfragetyps (Löschen) ändert sich im unteren Bereich die Ansicht, indem die Zeile mit den Haken für die Anzeige der einzelnen Felder verschwindet und dafür die Zeile Löschen erscheint. Im Feld Kriterien kann nun eine passende Syntax eingegeben werden. In diesem Fall sollen alle Listenpreise zwischen 10 und 100 gelöscht werden.

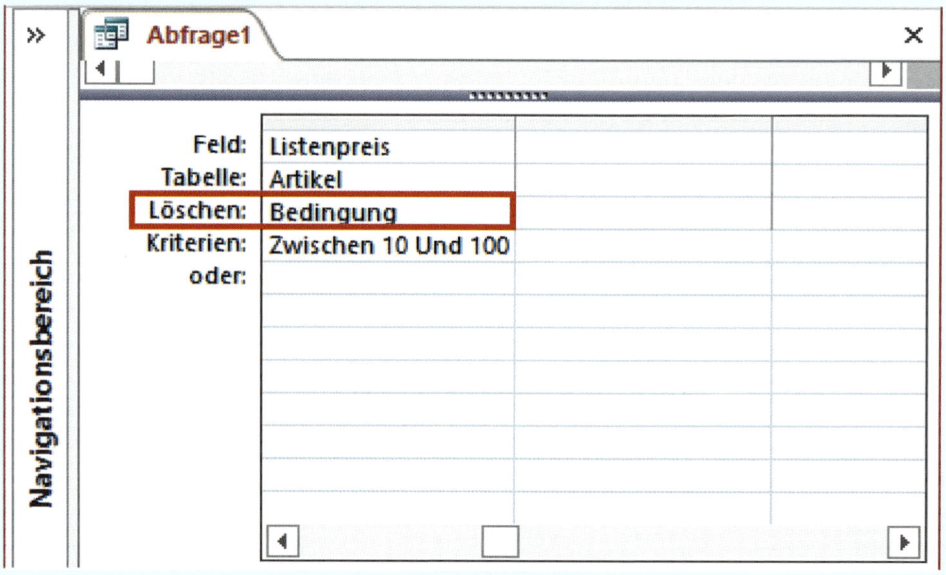

Sollten durch Ihre Aktionsabfrage gravierende Änderungen entstehen, erfolgt eine Warnung durch Access.

Beispiel:

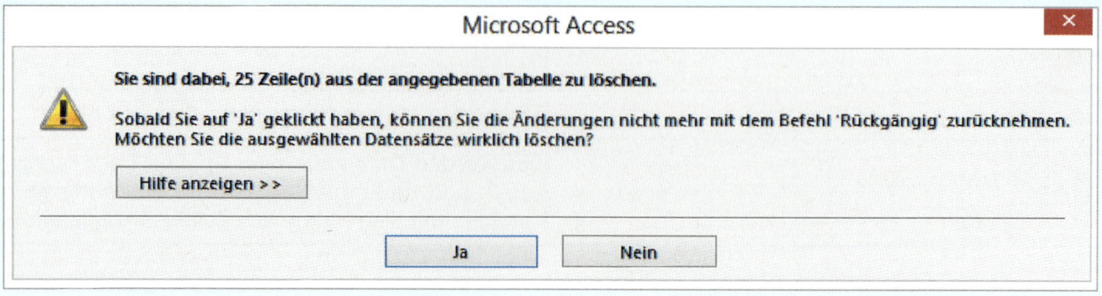

■ Abfragen mit berechneten Feldern

Dieser Abfragetyp ermöglicht das Einfügen von berechneten Feldern. Hierbei kann Access auf bereits vorhandene Werte zurückgreifen oder neue Werte bzw. Ergebnisse mittels mathematischer Operatoren erstellen lassen.

Mathematischer Operator	Bedeutung
+	Addition
–	Subtraktion
*	Multiplikation
/	Division
^	Hoch/Potenzierung

Beispiel:

Es soll ein neues Feld (Spalte) „Neu Listenpreis“ erstellt werden, in dem alle Listenpreise um den Wert 10 erhöht sind.

Die Syntax lautet: Neu Listenpreis: [Listenpreis] + 10

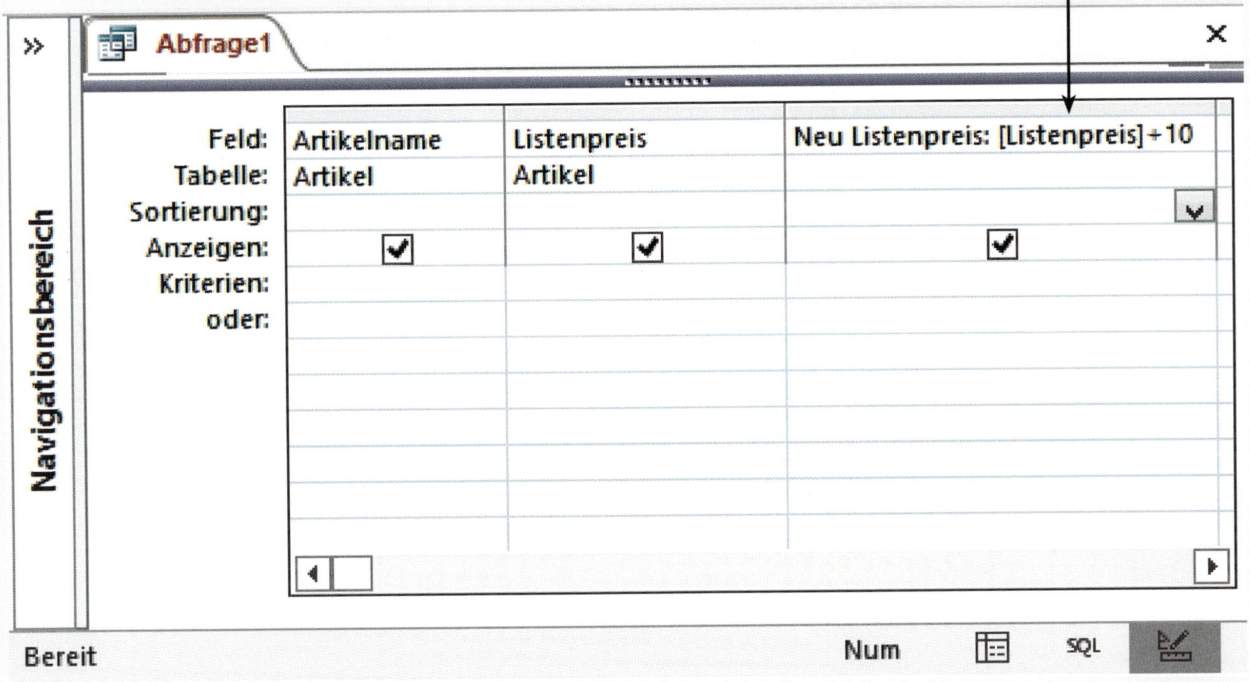

Hinweis: Die Syntax muss in eine freie Zelle von Feld: eingetragen werden. Der Name der neuen Spalte ist frei wählbar und schließt mit einem Doppelpunkt ab. Zum Heranziehen eines bereits vorhandenen Feldes (Wertes) muss dieses in eckige Klammern [...] gesetzt werden. Es lassen sich auch mehrere bereits vorhandene Felder (Werte) miteinander kombinieren bzw. berechnen, z. B. [...] + [...].

Das Ergebnis sieht wie folgt aus:

Abfrage1

Artikelname	Listenpreis	Neu Listenpreis
Northwind Traders Chai	18,00 €	28,00 €
Northwind Traders Syrup	10,00 €	20,00 €
Northwind Traders Cajun Seasoning	22,00 €	32,00 €
Northwind Traders Olive Oil	21,35 €	31,35 €
Northwind Traders Boysenberry Spread	25,00 €	35,00 €
Northwind Traders Dried Pears	30,00 €	40,00 €
Northwind Traders Curry Sauce	40,00 €	50,00 €
Northwind Traders Walnuts	23,25 €	33,25 €
Northwind Traders Fruit Cocktail	39,00 €	49,00 €
Northwind Traders Chocolate Biscuits Mix	9,20 €	19,20 €
Northwind Traders Marmalade	81,00 €	91,00 €
Northwind Traders Scones	10,00 €	20,00 €
Northwind Traders Beer	14,00 €	24,00 €
Northwind Traders Crab Meat	18,40 €	28,40 €
Northwind Traders Clam Chowder	9,65 €	19,65 €
Northwind Traders Coffee	46,00 €	56,00 €
Northwind Traders Chocolate	12,75 €	22,75 €
Northwind Traders Dried Apples	53,00 €	63,00 €
Northwind Traders Long Grain Rice	7,00 €	17,00 €
Northwind Traders Gnocchi	38,00 €	48,00 €
Northwind Traders Ravioli	19,50 €	29,50 €
Northwind Traders Hot Pepper Sauce	21,05 €	31,05 €
Northwind Traders Tomato Sauce	17,00 €	27,00 €
Northwind Traders Mozzarella	34,80 €	44,80 €
Northwind Traders Almonds	10,00 €	20,00 €
Northwind Traders Mustard	13,00 €	23,00 €
Northwind Traders Dried Plums	3,50 €	13,50 €
Northwind Traders Green Tea	2,99 €	12,99 €

Navigationsbereich

Datensatz: 1 von 45 Kein Filter Suchen

Bereit Num SQL

Stichwortverzeichnis

Symbole
1-zu-1-Beziehung 38
1-zu-n-Beziehung 38

A
Abfrage 131
Abfrage-Assistent 131
Abfrageentwurf 132
Access 15, 16, 69, 74, 120
Aktionsabfragen 137
Aktualisierungsweitergabe 121
Ansichtsschaltflächen 73
Attribute 17, 33
Attributwerte 17
Auswahlabfragen 134
auswahlbasierender Filter 130
AutoBericht 103
AutoFormular 98
AutoWert 118

B
berechnete Felder 139
Berichte 103
Berichts-Assistent 104
Berichtsentwurf 106
Beschreibung 81
Beziehungen 34
Beziehungstyp 120
Bundesdatenschutzgesetz 59

C
Clouds 63

D
Daten 15, 16, 17, 81
Datenbank 17
Datenbankadministrator 16
Datenbankansicht 70
Datenbanken 15
Datenbankentwickler 16
Datenbankentwurf 32
Datenbankmanagementsystem 15, 16, 32
Datenbankobjekt 72
Datenbankuser 17
Datenblattansicht 72, 75, 122, 135
Datenfeld 17
Dateninkonsistenzen 18
Datensatz 17
Datenschutz 59
Datenschutzbeauftragter 62
Datenschutz-Grundverordnung 59
Datensicherheit 59, 62
Datenunstimmigkeiten 18
Detailtabelle 118
dritte Normalform 50
Drop-Down-Menüs 71

E
Entität 33
Entity 33
Entity-Relationship-Modell 32
Entwurfsansicht 73, 76
ERM 32
erste Normalform 47

F
Felddatentyp 76, 77, 88
Feldeigenschaften 78, 88
Feldname 76
Filter 130
Format 79
Formularassistent 99
Formulare 98
Formularentwurf 100
Fremdschlüssel 18, 37, 118
Funktionsoperatoren 89, 136

G
Gültigkeitsmeldung 88
Gültigkeitsregeln 88

I
Informationen 15, 16
informelle Selbstbestimmung 59

K
Kardinalitäten 38
kombinierter Primärschlüssel 37
Kontextmenüs 73
künstlicher Primärschlüssel 36

L
logische Operatoren 89, 136
Löschweitergabe 121

M
Mastertabelle 118
mathematische Operatoren 89
Mehrfacheintragungen 18
Menüband 70

N
Nachschlage-Assistenten 122
natürlicher Primärschlüssel 36
Navigationsbereich 72
Normalform
– dritte 50
– erste 47
– zweite 48
Normalisierungsprozess 47
nullten Normalform 47
n-zu-m-Beziehung 39, 120

O
Operatoren
– logische 89
– logischer 136
– mathematische 89

P
Parameterabfragen 137
Passwörter 62
personenbezogene Daten 60
Platzhalterzeichen 90, 136
Primärschlüssel 17, 18, 35, 37, 80, 118
– kombinierter 37
– künstlicher 36
– natürlicher 36
Programmfenster 69

R
Redundanzen 18
referentielle Integrität 120
Relationen 34, 118

S
Schlüsselattribute 35
Schlüsselfelder 119
Standardfilter 130
Statuszeile 70

T
Tabelle 17, 73
Titelleiste 70
Tupel 17

U
unnormalisiert 47

V
Verschlüsselungen 61

Z
Zugangskontrollen 61
zweite Normalform 48

Notizen

Notizen